Norbert Lechleitner

Auf den Flügeln des Glücks

Norbert Lechleitner

Auf den Flügeln des Glücks

Weisheit für die Westentasche

HERDER

FREIBURG · BASEL · WIEN

Originalausgabe

© Verlag Herder GmbH, Freiburg im Breisgau 2008
Alle Rechte vorbehalten
www.herder.de

Umschlagkonzeption und -gestaltung:
R·M·E Eschlbeck / Botzenhardt / Kreuzer
Umschlagmotiv: © Usher D. / Arco Digital Images

Satz: Dtp-Satzservice Peter Huber, Freiburg
Herstellung: fgb · freiburger graphische betriebe
www.fgb.de

Gedruckt auf umweltfreundlichem,
chlorfrei gebleichtem Papier
Printed in Germany

ISBN 978-3-451-07078-5

Inhalt

Eitelkeit

Zu der Zeit, als die Götter noch unter den Menschen weilten, reizte es den Götterboten Hermes zu erfahren, in welchem Ansehen er bei den Menschen stehe.

Darum ging er eines Tages in Menschengestalt in die Werkstatt eines berühmten Bildhauers. Dort erblickte er eine herrliche Bildsäule des Zeus. Er fragte den Meister, wie viel sie koste. Als jener erwiderte: „Eine Drachme!", lachte Hermes und fragte: „Wie teuer ist Hera?" Der Bildhauer erwiderte, die koste schon deutlich mehr.

Da sah Hermes auch sein eigenes Standbild, und weil er glaubte, dass er als Bote der Götter und Bringer des Glücks bei den Menschen in besonders hohem Ansehen stehe, fragte er auch hier nach dem Preis. Da sagte der Bildhauer: „Wenn du die beiden anderen kaufst, bekommst du den als Zugabe obendrein!"

Stille

Ein Mönch hatte sich in die Einsamkeit zurück-
gezogen, um in der Abgeschiedenheit vom lär-
menden Leben seine Zeit der Meditation und
dem Gebet widmen zu können.

Einmal kam ein Wanderer zu seiner Einsiedelei und bat ihn um etwas Wasser. Der Mönch
ging mit ihm zur Zisterne, um das Wasser zu
schöpfen. Dankbar trank der Fremde, und etwas
vertrauter geworden bat er den Mönch, ihm eine
Frage stellen zu dürfen: „Sag mir, welchen Sinn
siehst du in deinem Leben in der Stille?"

Der Mönch wies mit einer Geste auf das
Wasser der Zisterne und sagte: „Schau auf das
Wasser! Was siehst du?"

Der Wanderer schaute tief in die Zisterne,
dann hob er den Kopf und sagte: „Ich sehe
nichts."

Nach einer kleinen Weile forderte der Mönch ihn abermals auf: „Schau auf das Wasser der Zisterne. Was siehst du jetzt?" Noch einmal blickte der Fremde auf das Wasser und antwortete: „Jetzt sehe ich mich selber."

„Damit ist deine Frage beantwortet", erklärte der Mönch. „Als du zum ersten Male in die Zisterne schautest, war das Wasser vom Schöpfen unruhig, und du konntest nichts erkennen. Jetzt ist das Wasser ruhig – und das ist die Erfahrung der Stille: Man sieht sich selber!"

Ungeduld

Ein Schüler beklagte sich beim Meister: „Nun meditiere ich schon seit vielen Jahren, doch noch immer habe ich nicht die Erleuchtung erlangt. Sage mir, was muss ich tun?"

Der Meister gab dem Schüler einen kleinen Korb, der mit einem Deckel verschlossen war. „Gehe zu dem Berg jenseits des Flusses. Dort lebt ein heiliger Mann. Gib ihm dieses Körbchen und behalte alles, was er dir sagen wird."

Der Schüler war schon einige Stunden unterwegs, und der Berg war noch weit entfernt. Da erwachte in ihm die Neugier wissen zu wollen, was er dem Heiligen wohl bringen solle. Er hob den Deckel, und heraus sprang eine Maus und verschwand.

Als er mit leerem Korb zu der Einsiedelei des heiligen Mannes kam, sagte er zu ihm: „Du versuchst, Erleuchtung zu erlangen. Dein Meister sah deine Ungeduld und gab dir eine Maus. Wenn du aber noch nicht einmal ein Mäuslein bewahren kannst, wie willst du da die Erleuchtung bewahren?"

Einsicht

Ein Schäfer weidete seine Herde am Ufer des Meeres. Wie er das Meer so spiegelglatt und ruhig vor sich sah, kam ihm der Gedanke, sein Schäferhandwerk aufzugeben und zukünftig Seehandel zu betreiben. Er verkaufte seine Schafe, erwarb dafür eine Schiffsladung Datteln und fuhr aufs Meer hinaus, fernen Häfen zu.

Unterwegs erhob sich jedoch ein mächtiger Sturm. Aus größter Seenot konnte er sich nur dadurch retten, dass er sein Schiff leichter machte und die Ladung über Bord warf. Nur knapp dem Tode entronnen wurde er wieder Schäfer.

Einige Zeit später grasten seine Schafe wieder am Ufer des Meeres. Da kam ein Wanderer vorbei und bewunderte die Schönheit und Stille des Wassers. Da sagte der Schäfer zu ihm: „Ja, jetzt zeigt es sich still – wahrscheinlich hat es wieder Lust auf Datteln."

Folgenreich

Ein junger Mann fand trotz all seiner Gelehrsamkeit keine Anstellung. Da beschloss er eines Tages, das zu Markte zu tragen, das er mit gutem Gewissen anbieten konnte: seine Klugheit. Er eröffnete im Bazar ein Geschäft, über dessen Eingangstüre in großen Buchstaben zu lesen stand: Klugheit zu verkaufen.

Sein erster Kunde war der Sohn des reichsten Kaufmanns der Stadt. Der fragte ihn, was für eine Klugheit hier angeboten werde und wie viel sie denn koste. „Die Leistung bestimmt den Preis", antwortete der Gelehrte, „es liegt an dir, so viel du ausgeben willst, so viel Klugheit gebe ich dir."

„Nun, dann gib mir Klugheit für einen Dinar", sagte der Kunde.

„Für einen Dinar kannst du hunderttausend sparen", antwortete der Gelehrte, und der Kaufmannssohn gab ihm daraufhin das Geld. Der

Gelehrte schrieb ihm dafür seinen klugen Rat auf einen Zettel: „Es ist dumm, neben zwei bedeutenden Menschen zu verweilen, wenn sie sich streiten!"

Der reichste Kaufmann der Stadt war vor allem durch seinen Geiz zu Reichtum gelangt. Er war furchtbar erbost, als sein Sohn ihm den Zettel zeigte und sagte, dass er dafür nur einen Dinar bezahlt habe. Unverzüglich eilte der Reiche zum Gelehrten ließ sich aber zusagen, dass sein Sohn nie im Leben von dem klugen Rat Gebrauch machen werde.

Einige Zeit darauf stritten sich zwei Dienerinnen der Hauptfrauen des Kalifen vor einem Juweliergeschäft, welcher der beiden Frauen des Herrschers wohl der wunderschöne Armreif zustehe, den sie dort in der Auslage glitzern sahen. „Ich habe ihn zuerst gesehen, deshalb steht er meiner Herrin zu", behauptete die eine Dienerin. „Nein, der Armreif muss meine Herrin bekommen, denn sie ist die erste Frau des Herrschers", verlangte die andere Dienerin. So ging der Streit hin und her, und sie konnten sich nicht einigen. Der Kaufmannssohn, der in der Nähe weilte, war nicht schlecht erschrocken, als beide Frauen sich ihm zuwandten und riefen: „Du bist Zeuge, für das, was hier geschehen ist, und du wirst es vor dem Gericht des Kalifen beschwören müssen!"

Als der Kaufmannssohn seinem Vater das Ereignis berichtet hatte, war beiden klar, dass daraus nichts Gutes entstehen könne. Sie eilten darum zum Händler der Klugheit, baten um Verzeihung, Rat und Hilfe. Für den Preis von fünftausend Dinaren empfahl der Gelehrte, der Kaufmannssohn solle im Zeugenstand den Schwachsinnigen spielen, wenn er mit heiler Haut davonkommen wolle. Der Kaufmannssohn tat wie geheißen, und da er zur Klärung der Beschuldigungen nichts beitragen konnte, befahl der Kalif, die beiden zänkischen Dienerinnen zu bestrafen, denn es war schwierig zu klären, wer von beiden den Streit begonnen hatte.

Die zweite Frau des Herrschers, von ständiger Eifersucht geplagt, war mit der Entscheidung nicht einverstanden und meinte, der Kaufmannssohn habe sich nur verstellt, um nicht Partei nehmen zu müssen. Als der Kaufmann erfuhr, dass die zweite Frau des Kalifen seinem Hause böse gesinnt war, eilte er wieder zum

Gelehrten, um seinen Rat für einen Ausweg aus dieser heiklen Situation zu erfragen. Der Gelehrte sagte, diesmal koste sein Rat zehntausend Dinare, und der Kaufmann bezahlte sogleich. Da riet ihm der Händler der Klugheit: „Gehe hin und kaufe den begehrten Armreifen und schenke ihn der zweiten Frau des Kalifen. Das wird nicht nur die Dame glücklich machen, sondern auch dein Haus wird in ihrer Gunst steigen, so dass es dir zum Vorteil gereichen wird."

Da ging der geizige Kaufmann zum Juwelier und kaufte den wertvollen Armreifen für hunderttausend Dinare. Er hatte nun insgesamt viel mehr bezahlt, nur weil er den Ratschlag für einen Dinar ausgeschlagen hatte. Nachdem diese Begebenheit sich herumgesprochen hatte, drängten sich die Ratsuchenden in dem kleinen Laden, in dem Klugheit verkauft wurde.

Radikalkur

Ein König hatte ein neues, wunderbares Segel-
schiff bauen lassen und lud zahlreiche promi-
nente Gäste zur Jungfernfahrt ein. Nur ein
junger Mann hatte das Meer nie zuvor erlebt,
denn der war in den weit entfernten Wäldern
und Bergen seiner Heimat aufgewachsen.
Kaum hatte der Wind die Segel gefüllt und die
Küste lag außer Sicht, kaum tanzte das schlanke
Schiff gleich einem Delfin durch die Wellen, da
wurde dem jungen Mann ganz furchtbar übel.
Die ihm unbekannte Seekrankheit kam mit aller
Macht über ihn, so dass er meinte, seine letzte
Stunde habe geschlagen. Sein heißblütiges
Temperament ließ ihn sein Schicksal lauthals
beklagen: Er jammerte, stöhnte, ächzte, fluchte,
schrie und verwünschte sich, das Schiff, das
Meer und seinen ungünstigen Stern, der ihn
auf diese schwankenden Planken geführt hatte.

Sein Gezeter war dem König und den versammelten Gästen unangenehm; einige gaben Ratschläge, andere riefen nach dem Schiffsarzt, und vielen war es peinlich. Die festliche Stimmung war gestört, und als das Gejammer nicht aufhören wollte, gab der König seinem Kapitän den knappen Befehl: „Tun Sie etwas!" Der Kapitän erwiderte nur: „Majestät, meine Methode mag ungewöhnlich sein, aber sie wirkt." Mit einer kurzen Handbewegung gab der König seine Einwilligung.

Der Kapitän gab zwei seiner stärksten Offiziere den Befehl, den jungen Mann zu ergreifen, ihm ein Seil um die Brust zu binden und ihn ins Meer zu werfen. Es hatte den Anschein, als kämen sie diesem Befehl äußerst bereitwillig nach und – platsch – tauchte der Seekranke ins Wasser. Er strampelte, zappelte und – als er wieder an die Oberfläche kam – prustete und schrie: „Holt mich raus! Um Gottes willen, zieht mich raus!" Schon tauchte ihn die nächste Welle unter, doch die Seeleute hielten die Leine sicher.

Schließlich hievte man den Erschöpften an Bord, gab ihm frische Kleidung und ein Glas des besten Weins. Von nun an saß er matt aber friedlich in einem Deckstuhl, und kein Wort der Klage kam über seine Lippen.

Der König hatte die erstaunlichen Vorgänge wie jeder seiner Gäste auch beobachtet. Nun nahm er seinen Kapitän beiseite und erkundigte sich, welche Erfahrung hinter seiner dramatischen Heilmethode stehe. „Nun", sagte der Kapitän, „als dieser junge Mann, wenn auch sehr plötzlich, wie ich leider zugeben muss, erkannte, wie groß die Gefahr des Ertrinkens im Meer ist, da erst lernte er die Sicherheit des Schiffes schätzen. So ist es doch immer im Leben: Erst wenn man die Gefahr erkannt hat, weiß man Sicherheit und Frieden zu schätzen; erst die Krankheit lehrt uns, die Gesundheit zu loben; der Satte will das trockene Brot nicht essen; und wer bei seiner Geliebten ist, hat wenig Verständnis für den, der sich vor Sehnsucht verzehrt."

Zeitlos

An ihrem Stammtisch im Gasthaus saßen
einige ältere Herren. Sie kannten sich von Kindheitstagen an. Sie waren in die gleiche Schule
gegangen. Hatten alle zur gleichen Zeit einen
Beruf erlernt, einige Jahre später Familien
gegründet und ihr Auskommen gesichert. Nun
waren sie pensioniert und trafen sich einmal
in der Woche, um ein paar Kegel umzuwerfen,
einige Bierchen zu stemmen und über die alten
Zeiten zu reden.

„Ich weiß nicht", sagte einer von ihnen,
„bin wohl doch älter geworden; früher war ich
flink wie ein Wiesel und beim Fußball an Ausdauer und Geschick den meisten überlegen –
aber wenn ich heute zum zweiten Stockwerk
hinauf muss, geht mir schon nach zehn Stufen
die Puste aus."

„Wem sagst du das?", entgegnete ein Nachbar, „beim Tanzen war mir früher keiner über.
Nächtelang habe ich das Tanzbein geschwun-
gen, und heute wird mir schon bei einer halben
Umdrehung schwindelig."

„Warum soll es euch besser gehen als mir?", fragte ein anderer. „Früher hatte ich Augen wie ein Luchs. Dann musste ich beim Autofahren eine Brille tragen; und jetzt kann ich nicht einmal mehr die Zeitung ohne Brille lesen!"

„Es lässt sich nicht leugnen: Das Alter hat uns fest im Griff", bestätigte sein Gegenüber. „Vor einigen Jahren noch habe ich einen Zentnersack mit einer Hand gehoben. Heute bin ich froh, dass fast alle Koffer Rollen haben."

„Also ich weiß gar nicht, was mit euch plötzlich los ist: Ihr jammert in einer Tour über euer Alter und eure schwindenden Kräfte – mir hat das Alter in keiner Weise geschadet", entrüstete sich der Herr neben ihm, der als der Intellektuelle der Runde galt, weil er als einziger von ihnen eine Hochschule besucht hatte.

„Ach, du Angeber. Hast kaum noch Haare auf dem Kopf, aber das Alter hat dir nicht geschadet", stichelten die Freunde.

„Es stimmt schon, was ich sage. Ihr könnt mir's glauben: Ich bin heute noch so stark wie vor vierzig Jahren."

„Du erzählst Märchen. Das nimmt dir doch keiner ab! Das musst du uns erst beweisen!"

„Wirklich! Es verhält sich so, wie ich sage: Ich bin heute noch so stark wie vor vierzig Jahren. Ich habe es gestern noch ausprobiert und bestätigt gefunden. Ihr kennt doch den schweren eichenen Bücherschrank, der schon meinem Großvater gehört hat. Den wollte ich gestern wegschieben", sagte der Intellektuelle mit selbstzufriedener Miene.

„Und was soll damit bewiesen sein?", fragten die erstaunten Freunde.

„Nun, vor vierzig Jahren wollte ich den Bücherschrank etwas weiter in die Ecke schieben, und damals gelang es mir nicht. Gestern versuchte ich es nochmals, und es gelang mir wieder nicht. So steht doch eindeutig fest: Ich bin immer noch so gut bei Kräften wie vor vierzig Jahren! Prost!"

Natürlich

Am Ganges saß ein Yogi in Meditation versunken. Als er wieder die Augen öffnete, bemerkte er einen Skorpion, der ins Wasser gefallen war und verzweifelt strampelnd um sein Leben kämpfte.

Voller Mitleid mit der todgeweihten Kreatur tauchte der Yogi seine Hand ins Wasser und hob den Skorpion aufs Trockene. Der aber stach seinen Retter, und das schmerzte auch einen Yogi sehr.

Als nach einer längeren Meditation der Yogi wiederum die Augen erhob, sah er den Skorpion zum zweiten Mal um sein Leben kämpfen, da er zu ertrinken drohte. Trotz des schlechten Dankes rettete der Yogi das Tier auch dieses Mal aus seiner Lebensgefahr, und wieder stach der Skorpion so arg, dass der Yogi heftig aufschreiend seine Gelassenheit vergaß.

Als aber der Skorpion zum dritten Male zu ertrinken drohte und der Yogi ihn wiederum rettete, konnte ein Bauer, der durch den Aufschrei des Yogi neugierig geworden war, seine Verwunderung über dieses seltsame Verhalten nicht länger zurückhalten: „Heiliger, warum hilfst du dem elenden, undankbaren Geschöpf immer wieder, wenn du zum Dank dafür nur Schmerzen erhältst?"

„Nun, wir folgen doch beide nur unserer Natur", antwortete der Yogi dem erstaunten Mann. „In der Natur des Skorpions liegt es zu stechen, und in meiner Natur liegt es, barmherzig zu sein."

Erträglich

Der Meister wurde von einem wohlbeleibten Herrn gefragt: „Welche Menge soll denn ein Mensch täglich essen und trinken?"

„Ich denke, dass ein erwachsener Mensch täglich mit insgesamt drei Pfund Nahrung und Trank auskommen sollte", erwiderte der Meister.

„Das kann doch nicht sein, das ist doch viel zu wenig. Wie soll man da bei Kräften bleiben und auch noch schwere Arbeit verrichten? Das reicht doch nicht im Mindesten, um auch nur gesund zu bleiben!", rief der dicke Mann aus.

„O doch, diese Menge Nahrung und Trank reicht aus, um dich bei Kräften und bei Gesundheit zu halten. Ja sogar mehr als das: Die Menge, die ich dir nannte, trägt dich – was du aber darüber hinaus mehr isst und trinkst, das musst du tragen."

Dosierung

Ein vom Alter und den unendlichen Mühen der Arbeit und der Armut gebeugter Mann bemühte sich, seinen Esel voranzutreiben, der mit prall gefüllten Wasserschläuchen beladen war.

Da kam ein reicher Müßiggänger vorbei und sprach den Alten an: „Sag mir, guter Mann, wie kommt es, dass du in der Mühsal deines Lebens ein so hohes Alter erreicht hast, während doch die Reichen und die satten Lebensgenießer oft in der Blüte ihrer Jahre der Tod ereilt?"

„Die Ursache ist darin zu finden", antwortete der Alte, „dass uns Armen aus dem Schlauch des Lebens alles nur tröpfchenweise zusickert, während die Reichen den Schlauch des Lebens öffnen und ihn gierig leeren."

Auslegung

Ein mächtiger Fürst lebte in ständiger Angst
vor dem Verlust seiner Macht. Darum unterhielt
er nicht nur einen großen Geheimdienst, sondern ließ auch seine Sterne von Astrologen
befragen und seine Träume von Traumdeutern
auslegen.

Eines Nachts träumte ihm, alle seine Zähne
seien ihm ausgefallen.

Sogleich ließ er seinen besten Traumdeuter
kommen, um zu hören, was dieser schreckliche
Traum zu bedeuten habe. „Möge das Schicksal
dich vor allem Übel bewahren, Herr", sagte der
Traumdeuter, „doch bitte ich untertänigst um
Vergebung, denn dein Traum bedeutet, dass du
alle deine Verwandten sterben sehen wirst!"

Diese Auskunft erzürnte den Fürsten, der
Unheil auf sich zukommen sah, und er befahl,
den Traumdeuter von seinem Hofe zu jagen, da-

mit er ihm nicht mehr unter die Augen komme. Dann ließ er nach einem anderen Traumdeuter schicken. Auf die Frage, was der Traum bedeute, sagte dieser ihm: „Das Schicksal will all deinen Verwandten ein langes Leben schenken. Doch der Traum bedeutet, dass du sie alle überleben wirst!"

Diese Auslegung entzückte den Fürsten, der den Traumdeuter reich belohnte.

Entdeckerfreude

„Zwischen Forscherdrang und Neugier ist ein
großer Unterschied", sagte der Meister, und er
erzählte:

„In einem Dorf stand mitten auf dem Dorf-
platz ein riesengroßer Stein. Wind und Wetter
hatten ihn in Jahrhunderten glattgeschliffen,
und die Dorfbewohner waren stolz auf ihr ein-
zigartiges Wahrzeichen. Doch wie es schien,
hatte der Stein nicht immer dort gestanden,
denn im oberen Teil trug er eine eigenartige
Inschrift.

Hast du mich von unten gesehen,
wirst du Neugier gleich verstehen!

Einem Mann im Dorfe ließen diese Worte keine
Ruhe. Was seit unendlich vielen Jahren nieman-
den ins Grübeln brachte, ließ ihn keine Nacht

mehr schlafen. Die Inschrift wurde von den meisten Leuten gar nicht beachtet, und wer darüber nachdachte, der hielt sie für eine kaum falsch zu verstehende Warnung vor übertriebener Neugier. Doch der Mann meinte, diese Schrift solle nur abschrecken, weil darunter vielleicht ein Schatz vergraben sei, oder sich dort der Zugang zu einer geheimnisvollen Höhle befinde. Und so redete er immerfort. Nach und nach zogen seine Worte immer mehr Leute auf seine Seite, die der Meinung waren, dass an seinen Reden ja etwas dran sein könne … So kam es dazu, dass der Gemeinderat eines Tages beschloss, den Stein anzuheben.

Aber was leicht zu beschließen war, war nur sehr schwer durchzuführen. Auch als alle Neugierigen mithalfen, ließ sich der Stein nicht beiseiterollen. So sehr sie sich auch abmühten, der Stein bewegte sich nicht. Eifrige Diskussionen führten dazu, dass alle anderen Arbeiten im Dorf zu kurz kamen. Als man daranging, den Stein mit Wasser zu unterspülen, hätten die Dorfleute eigentlich ihre Felder pflügen sollen. Als sie einsahen, dass dazu mehr Wasser notwendig wäre, als sie herbeischaffen konnten, hätten sie eigentlich ihre Tiere versorgen sollen. Dann gingen sie zu einer Zeit, als sie das Saatgut hätten ausbringen sollen, daran, auf einer Seite am Fuß des Felsens ein tiefes und breites Loch zu graben. Und als sie sich eigentlich um ihre Obstbäume hätten kümmern sollen, da waren alle Dorfbewohner damit beschäftigt, lange Seile um den Stein zu winden. Dann war es so weit: Alle zogen mit ganzer Kraft an den Seilen, die Mutigsten rissen die Stützbalken weg, endlich bewegte sich der Stein, dann sank er um und zeigte seine Unterseite.

Aber die gab keinen Höhleneingang oder gar eine Schatzkiste frei, sondern nur ein paar Worte:

Ach, das ist ein schönes Vergnügen,
auch mal andersherum zu liegen.

Ziemlich betroffen starrten die Dorfbewohner auf diese Zeilen. Allmählich wurde ihnen klar, dass sie zu ihrer Schande nicht nur den Spott der Nachbardörfer ernteten, sondern dass ihnen auch noch ein armseliges Jahr bevorstand, da sie ihre Felder, ihr Vieh und ihre Bäume vernachlässigt hatten."

Vorsätze

Der Meister befand sich mit zahlreichen Passagieren auf dem mehr als vollbesetzten Schiff. Niemand hatte mit einem Sturm gerechnet, der das Schiff in schwere Seenot brachte. Das Schiff schlingerte auf mächtigen Wellen und drohte, in kürzester Zeit zu sinken.

Die Passagiere lagen auf den Knien und flehten um Rettung. Sie gelobten, gute Taten zu verrichten, bereuten ihre Sünden, versprachen große Spenden, schworen Besserung ihres Lebenswandels – wenn sie nur gerettet würden.

Allein der Meister blieb gelassen. Er hatte sicheren Halt gefunden, und es schien fast, als genieße er den wilden Tanz. Als die Panik unter den Leuten am größten war, sprang er plötzlich auf, hob beschwichtigend die Arme und rief:

„Ruhe, Ruhe, ihr Leute! Versprecht nicht zu viel. Ihr könnt bleiben, wie ihr seid. Ich sehe Land!"

Achtsam

Schüler bedrängten den Meister, er solle ihnen erklären, wie er es trotz seiner vielen Verpflichtungen anstelle, stets ausgeglichen in seinem Verhalten und harmonisch in seiner Ausstrahlung zu erscheinen. Er lächelte gutmütig und sagte:

„Wenn ich stehe, dann stehe ich.
Wenn ich gehe, dann gehe ich.
Wenn ich sitze, dann sitze ich.
Wenn ich trinke, dann trinke ich.
Wenn ich esse, dann esse ich.
Wenn ich spreche, dann spreche ich."

Die Schüler fühlten sich ernst genommen und unterbrachen den Meister. „Das alles tun wir doch auch. Aber es muss noch etwas anderes geben, das uns hilft, auch wenn wir die vollkommene Erleuchtung noch nicht erlangt haben!"

Doch wieder sagte der Meister:

　„Wenn ich stehe, dann stehe ich.
　Wenn ich gehe, dann gehe ich.
　Wenn ich sitze, dann sitze ich.
　Wenn ich trinke, dann trinke ich.
　Wenn ich esse, dann esse ich.
　Wenn ich spreche, dann spreche ich."

Unwillig unterbrach ihn der Schüler ein zweites
Mal:

　„Aber das tun wir doch auch!"
　„Das tut ihr eben nicht!", sagte der Meister.
　„Denn wenn ihr sitzt, dann steht ihr schon.
　Wenn ihr steht, dann lauft ihr schon.
　Wenn ihr lauft, dann seid ihr schon am Ziel."

Knapp entkommen

Seit langem schon versuchte der Fuchs, einem reichen Bauern den schönsten Hahn vom Hofe zu stehlen. Da er sich aber vor dem starken Schnabel und den spitzen Sporen fürchtete und einen Kampf möglichst vermeiden wollte, genügte es nicht, den Hahn in einen einsamen Winkel zu locken. Nein, er musste sich auch eine List einfallen lassen.

Eines Nachmittags waren die Umstände günstig. Der Fuchs kam plötzlich hinter dem Rosenstock hervor und sagte mit einschmeichelnden Worten: „Werter Herr Hahn, ich bin einer der größten Bewunderer Eurer Stimme. Kein Kikeriki kommt Eurem Krähen gleich. Noch tief drinnen im Wald kann ich Eure herrliche Stimme vernehmen. Doch sagt mir, ist es denn wahr, was die Tiere von Euch behaupten, dass Ihr nur mit offenen Augen krähen könnt und wie ein Küken piepsen müsst, wenn Ihr die Augen beim Krähen schließt?"

„So etwas Dummes können nur die Waldtiere erzählen", antwortete der Hahn. „Du kannst dich ja gleich vom Gegenteil überzeugen." Der Hahn schloss die Augen, streckte den langen Hals und wollte eben sein schönstes Kikeriki erschallen lassen, da schnappte der Fuchs zu und rannte los. Er hielt seine Beute fest gepackt, doch bevor er an der Scheune vorbei war, hatte der Bauer ihn gesehen. Der warf ihm die Axt hinterher, mit der er gerade Holz hackte, und da er nicht getroffen hatte, nahm er mit einem dicken Holzstück in der Hand die Verfolgung auf.

„Er wird uns beide totprügeln, wenn er uns erwischt. Schnell, sagt ihm, dass ich Euch freiwillig begleite", röchelte der Hahn.

„Euer Hahn ist ganz freiwillig mitgegangen", rief der Fuchs dem Bauern zu. Doch um dies zu rufen, musste er sein Mund weit aufmachen – und der Hahn konnte entkommen.

So wurden beide an diesem Nachmittag um eine Erfahrung reicher.

„Man sollte nicht sprechen, wenn es besser wäre zu schweigen", dachte der Fuchs.

„Man sollte nicht mit geschlossenen Augen krähen, wenn es besser wäre, mit offenen Augen durch die Welt zu gehen", dachte der Hahn.

Guter Rat

Tief bekümmert kam ein Bauer zu seinem Nachbarn. Der fragte ihn, warum er so ein sorgenvolles Gesicht mache.

„Wie du weißt, habe ich eine gut gehende Hühnerfarm. Doch in den letzten Tagen ist plötzlich ein großer Teil meiner Hühner gestorben. Ich weiß gar nicht, was ich machen soll."

„Womit fütterst du sie denn?"

„Sie bekommen Hafer."

„Nein, Hafer ist nicht gut. Du musst Weizen verfüttern."

Als sie sich zwei Tage später auf dem Markt trafen, sagte der Bauer: „Es ist nichts besser geworden. Im Gegenteil: Wieder sind in den letzten Tagen zwanzig Hühner gestorben."

„Welches Wasser gibst du ihnen zu trinken?", fragte der Nachbar.

„Was fragst du nach dem Wasser?", ereiferte sich der Bauer. „Wasser ist Wasser. Und meine Hühner bekommen Wasser aus meinem Brunnen."

„Wasser ist nicht gleich Wasser", belehrte ihn der Nachbar. „Wenn deine Hühner krank sind, musst du ihnen abgekochtes Wasser geben."

Am Sonntag darauf beklagte sich der Bauer beim Nachbarn. „Deine Ratschläge haben nicht geholfen. Seit vier Tagen trinken meine Hühner abgekochtes Wasser, doch schon wieder sind fünfzig Hühner krepiert."

„Das ist schlimm, mein Freund", erwiderte nachdenklich den Kopf schüttelnd der Nachbar. „Denn weißt du, gute Ratschläge hätte ich noch viele – aber hast du genug Hühner?"

Berechnung

„Geschenke, die von Herzen kommen, kann man
mit reinem Herzen annehmen. Geschenke, die
nicht von Herzen kommen, kann man nicht mit
reinem Herzen annehmen", sagte der Meister.
Dann erzählte er folgende Geschichte:

„Ein Mann hatte einen wunderbaren Edelstein gefunden. Er wollte ihn seinem König zum
Geschenk machen, denn er versprach sich einen
höheren Vorteil von der Gunst des Königs als
von dem Wert des Edelsteins.

Höchst erstaunt war er jedoch, als der König
es ablehnte, den Stein anzunehmen.

,Ich habe den Stein von einem Juwelier schätzen lassen, und der hat mir versichert, dass dies
ein äußerst wertvoller Edelstein ist', ereiferte sich
der Mann, als er endlich zum König vorgelassen
worden war.

,Das stelle ich nicht in Abrede, guter Mann',
sagte der König. ,Doch was ich für mich als wertvoll erachte, ist, nicht der Habsucht zu unter-
liegen. Was du für wertvoll erachtest, ist dieser
Stein. Wenn du ihn mir zum Geschenk machen
würdest, dann würden wir beide das verlieren,
was für uns wertvoll ist. Darum habe ich ent-
schieden, den Stein nicht anzunehmen und alles
zu belassen, wie es ist.'"

Durchreise

Ein Herrscher saß umringt von Ratgebern in
seiner Audienzhalle und hörte sich die öffentlich
vorgetragenen Bitten und Klagen an.

Da drängte sich ein stattlicher Mann durch
die Menge der Neugierigen und Ratsuchenden,
bis er vor den Thron des Herrschers gelangte.
Er rief einen solchen Respekt hervor, dass niemand es wagte, ihn aufzuhalten.

„Was ist mir dir? Was willst du?", sprach ihn
barsch der Herrscher an.

„Was soll denn besonderes mit mir sein?
Ich bin auf der Durchreise und suche lediglich
dieses Hotel auf."

„Bist du blind? Das hier ist kein Hotel, das
hier ist mein Palast!", fuhr ihn erbost der Herrscher an.

„Aha!", sagte der Mann. „Und wem gehörte
der Palast früher?"

„Natürlich meinem Vater", erwiderte der Herrscher.

„Und wem gehörte er davor?"

„Dem Vater meines Vaters, wem wohl sonst!"

„Und davor?"

„Dem Vater des Vater meine Vaters!"

„Und davor?"

„Wiederum dem Vater von dem!"

„Und wohin sind sie gegangen?", fragte der Mann.

„Sie sind gestorben", antwortete der Herrscher.

„Und du willst mir erklären, das hier sei kein Hotel, wo der eine kommt, der andere geht und alle, die hier wohnen, nur auf der Durchreise sind?"

Ewige Wahrheit

Ein frommer Mann rief seinen Sohn zu sich und sagte: „In unserer Familie haben alle die Heiligen Schriften studiert. Du bist jetzt in dem Alter, mit den Studien zu beginnen. Bitte sei fleißig und komme als gelehrter junger Mann wieder zu uns."

Nach zwölfjährigem Studium kehrte der junge Gelehrte wieder in sein Elternhaus zurück. Er war stolz auf sich, dass er als Bester seines Jahrgangs die Studien abgeschlossen hatte.

Sein Vater beobachtete ihn einige Tage und sagte: „Mein Sohn, du hast eine große Meinung von dir selbst, du glaubst jetzt schon ein Weiser zu sein, und du bist voller Stolz. Doch sage mir, was weißt du über das Wissen, das hört, was nicht zu hören ist, das denkt, was nicht zu denken ist und das weiß, was nicht zu wissen ist?"

„Was für eine Weisheit ist das, von der ich nie gehört habe?", fragte der erstaunte Sohn.

„Wenn du einmal erkannt hast, was Staub ist, dann kannst du allen Staub erkennen, mein

Sohn, solange die Unterschiede nur Worte sind und das Wesentliche Staub ist.

Wenn du einmal erkannt hast, was Gold ist, dann kannst du alles Gold erkennen, solange die Unterschiede nur Worte sind und das Wesentliche Gold ist."

„Vielleicht hatten selbst meine Lehrer keine Kenntnis von diesem Wissen, denn warum haben sie es uns nicht gelehrt?", fragte der junge Gelehrte. „Bitte unterweise du mich, mein Vater."

„Gut, das will ich tun. Bringe mir bitte eine Frucht vom Banyan-Baum und brich sie auf. Was siehst du?"

„Sehr kleine Samenkerne, Vater."

„Öffne einen von ihnen. Was siehst du?"

„Ich kann nichts sehen, Vater."

„Und doch kommt aus dem, was du nicht sehen kannst, mein Sohn, in Wirklichkeit dieser mächtige Banyan-Baum hervor. Glaube mir, mein Sohn, der Geist des Universums ist von unsichtbarer und essentieller Weisheit durchwoben. Das ist Wirklichkeit. Das ist Wahrheit."

„Bitte erkläre mir mehr darüber", bat der junge Mann.

„Gut, das will ich tun. Gib Salz in ein Glas Wasser und komme morgen früh wieder zu mir."

Der Sohn tat, wie ihm aufgetragen, und als er am Morgen zu seinem Vater kam, bat ihn dieser: „Gib mir das Salz, das du gestern in dieses Wasser geschüttet hast."

„Es ist doch nicht mehr zu sehen, denn es hat sich aufgelöst."

„Dann probiere das Wasser von dieser Seite. Wie schmeckt es?"

„Salzig."

„Nimm einen Schluck von jener Seite. Wie schmeckt es?"

„Salzig."

„Nun probiere das Wasser aus der Mitte. Wie schmeckt es?"

„Salzig."

„Schaue noch einmal nach dem Salz und bringe es mir. Denn wenn du es schmeckst, muss es ja auch drinnen sein."

„So sehr ich mich auch bemühe: Ich sehe kein Salz. Ich sehe nur Wasser", sagte der Sohn.

„In gleicher Weise kannst du die ewige Wahrheit nicht sehen. Aber sie ist da."

Aufbau des Herzens

Der Meister sagte: „Das Herz des Menschen
besteht aus drei Teilen: Ein Teil gleicht einem
Berg, den nichts bewegen kann. Ein Teil
gleicht einem Baum, der fest verwurzelt ist
und dessen Krone ab und zu der Wind bewegt.
Und ein Teil gleicht einer Feder, die sich vom
Wind in jede Richtung treiben lässt."

Befreiung

Zwei Männer waren unterwegs zu einem fernen
Ort. Der eine hatte keinen Pfennig in der Tasche,
der andere besaß drei Goldstücke. Der Arme
ging beherzt und furchtlos seinen Weg, denn er
fühlte sich sicher. Auch an gefährlichen Plätzen
schlief er ruhig und tief und wachte am Morgen
ausgeruht und gestärkt auf. Der Besitzer der
drei Goldstücke fing an zu jammern: „Du hast es
gut, legst dich einfach hin und schläfst ein. Ich
aber muss um mein Leben fürchten, denn dies
ist ein gefährlicher Platz, und ich habe drei Goldstücke, die mich aus Furcht, überfallen zu werden, nicht schlafen lassen. Was soll ich nur tun?"

   „Gib mir deine drei Goldstücke, und ich
will dich von deiner Angst befreien", sagte der
Arme. Er erhielt die drei Goldstücke und warf
sie in den Brunnen. „Jetzt bist du deiner Furcht
entkommen und kannst ruhig schlafen."

Glück gehabt

Einem Bauern war das Pferd entlaufen. Statt seinen Verlust zu beklagen, lief er im Dorf herum und dankte Gott.

Man fragte ihn, wie er so fröhlich sein und Gott danken könne, da er doch sein bestes Pferd verloren habe.

„Nun, warum soll ich nicht dankbar sein? Wenn ich zufällig auf dem Pferd gesessen hätte, dann wäre auch ich seit drei Tagen verschwunden!"

Einfaches Mittel

Der Meister sagte: „Wenn das Gemüt heiter und ausgeglichen ist, wird sich nicht nur der Körper wohlbefinden, dann kann die ganze Welt glücklich werden. Doch jeder muss selbst entdecken, was ihn beglückt.

Der Wunsch, die Welt zu verändern, ohne seine eigene innere Wahrheit gefunden zu haben, gleicht dem Versuch, die Welt mit Leder zu überdecken, damit sich niemand an Dornen und spitzen Steinen verletze.

Es ist viel einfacher, Schuhe zu tragen."

Erholsamer Schlaf

Ein König war wegen seines Jähzorns und der grausamen Härte von allen Mächtigen des Landes und vom ganzen Volk gefürchtet. Er wusste sehr wohl, dass er nicht beliebt war, doch meinte er, sein großes Reich nur mit der Knute statt mit dem Zepter regieren zu können. Dennoch nahm er an der alljährlichen Wallfahrt zum Heiligtum des Landes teil, denn die Staatsräson schrieb dies so vor für alle Zeiten.

Nach den Feierlichkeiten fragte der Herrscher den obersten Würdenträger des Heiligtums: „Sag mir, welche Art der Gottesverehrung ist deiner Meinung nach die beste?"

Der Fromme dachte nicht lange nach. Wohl wissend, was ihn auf Grund seiner Antwort erwartete, schaute er dem Herrscher direkt in die Augen und sagte: „Für dich, mein König, ist die beste Art der Gottesverehrung dein Mittagsschlaf. Denn dann kann dein Volk für ein, zwei Stündchen aufatmen und sich von dir erholen. Weil du schläfst, werden Tausende Gott danken. Was kannst du besseres wollen?"

Zielstrebig

Ein ehrgeiziger Mann kam zum Meister und klagte, dass alle seine guten Ideen und all seine Bemühungen am Ende doch fruchtlos geblieben seien. Der Meister fragte ihn: „Was heißt: am Ende? Ist es nicht nur das Ende deiner Geduld, das dich am Erfolg deines Bemühens hindert?

Ich will dir darum die Geschichte von der Schnecke erzählen:

An einem grauen und regnerischen Frühlingstag kam eine Schnecke auf den Gedanken, dass es statt des Frühgemüses noch etwas anderes geben müsse, das ihr schmecken würde. So machte sie sich auf den Weg und kroch den Kirschbaum hinauf.

Die Spatzen konnten sich vor Lachen über ihr Bemühen kaum auf den Zweigen halten. Einer von den frechen Vögeln hatte wohl Mitleid mit ihr, flog auf sie zu und fragte: ‚Was willst du denn hier? Siehst du denn nicht, dass der Baum noch gar keine Früchte trägt?'

,Na ja', erwiderte die Schnecke, ,selbstverständlich weiß ich, dass der Kirschbaum jetzt noch keine Früchte trägt – aber bis ich oben bin, wird er welche haben!' Und beharrlich kroch sie weiter."

Bruderliebe

Zwei Brüder bewirtschafteten jeder sein Erbe,
das ihnen ihr Vater in zwei gleich großen Teilen
an Wiesen und Äckern hinterlassen hatte. Der
ältere Bruder war verheiratet und hatte bereits
zwei Söhne, während der jüngere Bruder noch
Junggeselle war. Sie lebten in Frieden und
brüderlicher Eintracht zusammen, und kein
Zwist war zwischen ihnen.

Zur Zeit der Ernte füllten die Korngarben
ihre Scheunen bis unters Dach, und beide Brüder waren dankbar und zufrieden. Eines Nachts
kam dem jüngeren Bruder der Gedanke, dass
er doch ein sehr selbstsüchtiger Mensch sei.
Er müsse keine Familie ernähren, brauche sich
nur um sich selbst zu kümmern, während sein
Bruder bereits Kinder großzog und für eine vier-
köpfige Familie zu sorgen hatte. Da beschloss
er, so viele Garben, wie er nur tragen konnte,

heimlich nachts in die Scheune seines Bruders zu bringen.

Doch auch den älteren Bruder plagten Zweifel, und er meinte, doch sehr selbstsüchtig zu handeln, wenn er sein Los mit dem seines kleinen Bruders verglich: Er hatte eine glückliche Familie, eine gute Frau, die sich um alles kümmerte, ihn und die Kinder umsorgte. Sein Bruder hingegen ging ganz allein durchs Leben. Um ihn würden sich im Alter keine zwei Söhne sorgen. Außerdem würden seine Söhne bald zum Auskommen der Familie beitragen. Also sei es doch nur gerecht, wenn er dem Bruder heimlich des Nachts so viele Garben in die Scheune bringe, wie er tragen könne.

Am nächsten Morgen zählte der jüngere Bruder seine Korngarben und staunte nicht schlecht, als ihm nicht ein Körnchen fehlte. Auch der ältere Bruder zählte seine Korngaben und rieb sich verwundert die Augen, denn auch ihm fehlte nicht ein Körnchen. Sie konnten nicht glauben, was sie sahen, und deshalb trugen sie heimlich noch manche Garbe in die Scheune des anderen hinüber, doch nie hatte einer von ihnen ein Körnchen zu wenig.

Doch eines Nachts, als jeder von ihnen wieder mit so vielen Korngarben im Arm beladen war, wie er nur tragen konnte, stießen sie auf dem Weg zur Scheune des Bruders zusammen. Als sie sich von ihrem Schrecken erholt und einander erkannt hatten, liefen ihnen die Tränen aus den Augen, und sie fielen sich in die Arme. Ohne ein Wort zu sagen, verstanden sie, warum ihnen niemals eine Garbe gefehlt hatte.

Nutznießer

Zwei Reisende gingen denselben Weg und
machten nach einiger Zeit Rast unter einem
Baum. Der eine von ihnen fand einen Beutel
mit Geld, den jemand dort verloren hatte.
Da gab ihm der andere, der nichts gefunden
hatte, den Rat, nicht zu sagen: „Ich habe", sondern: „Wir haben das Geld gefunden."

Als sie ihren Weg einige Zeit fortgesetzt
hatten, kamen ihnen im Eilschritt Leute entgegen, die das Geld unter dem Baum verges-
sen hatten.

Da rief der, der das Geld gefunden hatte,
seinem Reisegefährten zu: „Hilfe, wir sind
verloren!"

Der Gefährte aber entgegnete: „Sage besser:
‚Ich bin' und nicht: ‚Wir sind verloren!'; denn
als du den Beutel fandest, hast du auch gesagt:
‚Ich habe' und nicht: ‚Wir haben gefunden.'"

Und mit diesen Worten nahm er Reißaus.

Siegerinnen

Ein Sultan hatte zwei wunderschöne Frauen, die
er beide gleich liebte. Und auch sie waren ihm
herzlich zugetan. Um seine Liebe kundzutun,
ließ er von dem besten Goldschmied des Landes
zwei kostbare Halsketten anfertigen, die einander
vollkommen gleich waren. Nach Stunden voller
Zärtlichkeit schenkte er sie seinen Frauen, jeweils
verbunden mit der Bitte, der anderen nichts davon zu erzählen. Natürlich schmeichelte das ihrer
Eitelkeit, denn ein wenig Rivalität schlummerte
doch in ihren Herzen.

So kam es, dass die Frauen den Sultans
eines Tages mit der Frage bedrängten: „Nun sage
uns doch, wen von uns begehrst du am meisten!"
„Aber meine Geliebten, solche Fragen führen
nur zu Enttäuschungen und Unfrieden. Ich liebe
euch beide mit der ganzen Glut meines Herzens."
„Nein", erwiderten die Frauen wie aus einem

Mund. „Wir wollen es jetzt wissen: Wer von uns ist deine heimliche Favoritin?"

So sehr der Sultan aus Klugheit und Menschenkenntnis auch versuchte, der Beantwortung dieser Frage zu entgehen, musste er schließlich doch nachgeben und sagte mit leiser Stimme: „Nun gut! Ihr habt es so gewollt. Ich sage euch die Wahrheit, und ihr müsst die Wahrheit akzeptieren und dürft mich nie wieder mit dieser Frage bedrängen. Versprecht ihr das?"

Bebend vor Erwartung schworen die Frauen Einverständnis und Frieden, und der Sultan flüsterte: „Diejenige, der ich die goldene Kette schenkte, die liebe ich am meisten." Die Frauen strahlten sich an, denn jede wusste nun, dass sie den Wettstreit gewonnen hatte.

Der Brückenbauer

Ein Wanderer mit grauem Haar war schon lange unterwegs, als gegen Abend das Wetter immer schlechter wurde. Dunkle Wolken zogen auf, und bald begann es zu regnen. Die Sicht wurde immer schlechter, doch er konnte nirgendwo verweilen, denn bis zum nächsten Rasthaus war es noch ein langes Stück zu gehen. Zu allem Unglück versperrte ein reißender Gebirgsbach seinen Weg, denn die wilden Wasser hatten die Stützbalken des Stegs über die Kluft fortgerissen.

Der Wanderer besann sich nicht lange. Die lange Nacht bei strömendem Regen konnte ebenso seinen Tod bedeuten wie ein Sturz in die Tiefe. Er nahm Anlauf und sprang beherzt über den Felsspalt.

Auf der gegenüberliegenden Seite, wo noch sichere Pfosten des früheren Stegs standen, begann er, eine neue Brücke zu bauen.

Da kam ein anderer Wanderer auf ihn zu und frage: „Was schuftest du denn hier bei Nacht und Regen anstatt Schutz im Rasthaus zu suchen? Du bist schon fast am Ziel, hast den Bach überwunden und kommst sicher nie wieder hier vorbei. Dann kann's dir doch egal sein, ob hier ein Steg ist oder nicht."

Da hob der Alte den grauen Kopf und erwiderte: „Für mich bildete der Fluss vielleicht kein großes Hindernis, aber nach mir werden Leute kommen, die jünger sind als ich und darum mehr zu verlieren haben. Für die baue ich die Brücke."

Vorausschauend

Einmal ging ein junger Mann von seinem Heimatdorf den einsamen Weg zum nächsten Markt. Als er schon eine Weile unterwegs war, traf er an einer Weggabelung auf ein hübsches Mädchen. Da auch sie zum Markt wollte, gingen sie nun gemeinsam weiter. Der junge Mann hatte sich einen großen Kupferkessel auf den Rücken geschnallt, denn er hoffte, auf dem Markt ein schönes Stück Geld für den Kessel erzielen zu können. In der rechten Hand hielt er ein lebendiges Huhn und einen Wanderstab, und an der linken Hand führte er eine Ziege mit sich, weil er die Tiere ebenfalls feilbieten wollte.

So waren sie schon munter plaudernd eine Weile zusammen gegangen, als der Weg sie an eine finstere Bergschlucht führte. Da blieb das Mädchen stehen und sagte: „Nein, durch diese

Schlucht werde ich nicht gehen. Gibt es keinen anderen Weg?"

„Einen anderen gibt es nicht, wie du wohl weißt", entgegnete der junge Mann. „Aber sag, warum willst du nicht durch die Schlucht gehen, die doch alle aus unseren Dörfern auf dem Weg zum Markt durchqueren müssen?"

„Du könntest die Gelegenheit ausnutzen wollen, um mich in der einsamen Schlucht zu umarmen und zu küssen", antwortete das Mädchen. Der junge Mann war von dieser Antwort und der dreisten Unterstellung so verwirrt, dass er den heiteren Unterton des Mädchens nicht bemerkte.

„Ach, da brauchst du dir wirklich keine Sorgen zu machen. Wie sollte ich dich denn umarmen und küssen können? Ich habe einen Kupferkessel auf dem Rücken, an der einen Hand führe ich die Ziege, und in der anderen Hand halte ich ein Huhn und einen Stock."

„Nun, ich wüsste schon, wie du das anstellen würdest", erwiderte das Mädchen. „Du könntest das Huhn auf die Erde setzen und den Kessel darüberstülpen, dann den Stock fest in den Boden stecken und die Ziege daran festbinden, und dann könntest du mich umarmen und küssen."

Ganz perplex starrte der junge Mann das Mädchen an, und nun nahm er auch das Zwinkern in ihren Augen wahr. Da breitete sich in seinem Gesicht ein Lächeln aus, und endlich rief er: „Der Herr segne dich für deine Weisheit!" Und gemeinsam setzten sie ihren Weg fort.

Ebenbild

Ein König hatte ein wunderschönes Schloss und einen prächtigen Jagdhund.

Als er einmal durch die Säle und Räume des Palastes lief, wagte es keiner der Diener, den Hund zu verjagen. So kam das Tier auch in den Spiegelsaal, der über und über mit den funkelndsten Kristallspiegeln ausgekleidet war. Wie erschrak der Jagdhund, als er sich plötzlich von Hunderten Jagdhunden umringt sah. Wütend fletschte er die Zähne, und Hunderte Hunde fletschten ebenfalls die Zähne. Knurrend und äußerst gereizt begann er, im kreisrunden Saal herumzurennen, und alle Hunde jagten ihm nach. Da hetzte der Jagdhund in seiner ohnmächtigen Wut so lange im Kreis herum, verfolgt von Hunderten Spiegelbildern, bis er tot zusammenbrach.

Ach, hätte er doch nur einmal freundlich mit dem Schwanz gewedelt.

Großherzig

Die Fastenpredigt des Barfüßermönches in der Kirche San Bartolomeo in Venedig dauerte schon zwei Stunden. Mit nachdrücklichen Worten bemühte sich der Mönch, die Tugenden der wahren christlichen Nächstenliebe in die Herzen der Verstockten zu pflanzen und in den Seelen der Frommen zu festigen. In eindringlichen Beispielen machte er deutlich, was es für einen Christenmenschen bedeutet, seine Feinde zu lieben und denen zu verzeihen, die einem Übles taten. „Wo finden wir denn heute noch jemanden, der nach diesem höchsten Gebot handelt?", rief er von der Kanzel herab.

Da erhob sich eine junge Frau und rief tief bewegt aus: „Ich vergebe den Mördern meines Mannes von ganzem Herzen und aus tiefster Seele. Hört meine Worte und seid meine Zeugen.

Ich gelobe, dass ihnen ihre ruchlose Tat vergeben sei!"

Tief ergriffen von der wunderbaren Wirkkraft seiner Predigt sprach der Mönch: „Nehmt euch ein Beispiel, ihr Gläubigen, an dieser tugendsamen jungen Frau. Der Herr wird ihr ihre Großherzigkeit lohnen und alle ihre Gebete erhören."

Als die junge Frau sich wieder in ihrer Bank niedergekniet hatte, neigte sich ihre Nachbarin zu ihr und flüsterte: „Bei Gott: wohlgesprochen! Aber sagt, seid Ihr nicht die Kurzwarenhändlerin hier vom Campo San Bartolomeo?"

„Ja, die bin ich", antwortete die Frau.

„Ach, Ihr Ärmste", raunte die Nachbarin, „so jung und schon Witwe! Wie grausam! Ermordet hat man Euren lieben Mann!"

„Noch lebt er ja", seufzte die junge Frau. „Aber ich vergebe von Herzen jedem, der es wagen würde."

Egoismus

Der Meister hatte seit Kindheitstagen einen
Freund, der nun als Minister zu großen Ehren
gekommen war. Mit der Macht waren auch
sein Ansehen und sein Vermögen gewachsen.
Doch eigentlich bedeuteten ihm diese Äußerlich-
keiten wenig, denn er wusste, wie vergänglich
Ruhm und Reichtum sein können. Er trug von
sich selber ein Bild als einfacher Diener seines
Volkes im Herzen. So suchte er auch immer
wieder seinen Freund, den Meister, auf, um von
ihm zu lernen. Denn sie pflegten herzlichen
Umgang miteinander, wie sie es von Jugend auf
gewöhnt waren.

Eines Tages stellte der Minister dem Meister
die Frage: „Sag mir, wie erklärst du den Egoismus?"

Da verwandelte sich plötzlich das Gesicht
des Meisters und nahm den Ausdruck höchster

Verachtung und Geringschätzung an. In äußerst überheblichem Ton blaffte er den Minister an: „Was redest du da, Dummkopf?"

Völlig konsterniert wegen dieses ungebührlichen Verhaltens schoss dem Minister die Zornesröte ins Gesicht. Doch der Meister lächelte ihm zu und sagte: „Jetzt weißt du, mein Freund, das ist Egoismus."

Freundlichkeit

Der Meister wurde von einem Schüler gefragt, wie er es schaffe, immer so freundlich im Umgang mit anderen zu sein. „Wer hat es dich gelehrt, und was muss ich beachten, wenn ich dir nacheifern will?", fragte der Schüler.

„Nicht ein Lehrer hat mich unterrichtet, sondern viele Lehrer haben mir die Freundlichkeit beigebracht, und ich lerne immer noch. Denn meine Lehrer waren die Unhöflichen. Ich habe mir stets gemerkt, was mir am Benehmen anderer Menschen mir gegenüber missfallen hat – und dann habe ich mich bemüht, dieses Verhalten meinen Mitmenschen gegenüber zu vermeiden. So einfach ist das und doch so hilfreich."

Profit

Ein Unternehmer sah einen Greis, der einen Baum pflanzte, und sprach ihn darauf an: „Wenn du in deinem Alter noch bauen würdest, könnte ich das verstehen. Auch, wenn du Gemüse anpflanzen würdest, wäre das einleuchtend. Aber warum pflanzt du einen Baum in deinen Jahren, da du doch keine Hoffnung haben kannst, die Ernte seiner Früchte zu erleben?"

„Nun, ich pflanze den Baum nicht für mich, obschon er mein eigener Baum ist. Ich pflanze für die Nachkommen, ebenso wie die Vorfahren auch für mich gepflanzt haben."

Da wurde der Unternehmer nachdenklich und bedankte sich für die kluge Antwort. Und der Alte erwiderte lächelnd: „Nun hat der Baum, der erst in zwanzig Jahren abgeerntet werden kann, jetzt schon Früchte getragen."

Ein Tropfen Liebe

Eine alte arabische Geschichte berichtet, dass
Maamun, der Sohn des Kalifen Harun al Raschid,
eine schöne Sklavin hatte, der er sehr zugetan
war. Sie wurde wegen ihrer Anmut Nesim, lieb-
licher Windhauch, genannt. Sie war ständig in
seiner Nähe, und er verlangte, dass sie ihn auch
auf seinen Reisen im Lande begleitete.

Doch eines Tages musste sie einer neu-
angekommenen griechischen Sklavin weichen,
die den Kalifen für sich einnahm. Nesim ver-
zehrte sich vor Schmerz und Kummer, doch
klagte sie nicht und ließ sich ihre Qualen nicht
anmerken.

Am ersten Tag des neuen Jahres, als der
ganze Hofstaat dem Herrscher Glück wünschte
und ihm Geschenke überreichte, erschien auch
Nesim und reichte dem Kalifen ein edles Trink-
glas aus Kristall, das mit einem feingestickten

Tuche bedeckt war. Im Kristall aber war die Inschrift eingeschliffen:

> Trinke, mein Freund, in langen Zügen den
> Kelch der Liebe.
> Lasse für mich darin nur ein Tröpflein zu-
> rück.

Der Kalif war bezaubert von dem schönen Gedanken und von dem tiefen Gefühl, das sie ihm
mitgeteilt hatte, und er versprach Nesim, noch
am gleichen Abend den Kelch der Liebe mit ihr
zu leeren und auch in vielen Stunden danach.

Diese Inschrift wurde durch die Überliefe-
rung der Geschichte berühmt und ziert darum
auch heute noch viele Trinkgefäße.

Alle oder keiner

Eine Indianergruppe war auf der Suche nach neuen Jagdgründen schon mehrere Tage unterwegs. Seit Stunden durchquerten sie ein Wüstengebiet. Lange hatten sie keine wasserhaltigen Pflanzen mehr gesehen, die ihrem trockenen Gaumen Linderung verschafft hätten. Die Sonne brannte unbarmherzig, als sie im Schatten eines Felsens rasteten, um vor der Gluthitze Schutz zu suchen. Sie alle litten Qualen und waren dem Verdursten nahe.

Da brachte einer von ihnen eine kleine Schale mit Wasser, das er unter großen Mühen aus einer unter Steinen verborgenen Mulde geschöpft hatte. Er reichte das Schälchen seinem Häuptling. Der nahm es entgegen und betrachtete es einen Augenblick. Aber er zögerte, es an seine Lippen zu führen, denn er sah in die Augen und die versteinerten Gesichter seiner Gefolgsleute.

Mit gelassener Miene drehte er das Schälchen um und goss seinen kostbaren Inhalt auf die glühende Erde. „Für einen allein wäre es zu viel gewesen, und für alle zu wenig."

Einleuchtend

In finsterer Nacht ging ein Blinder durch die engen Gassen seines Städtchens. Auf der Schulter trug er einen Krug, und in der Hand hielt er eine brennende Lampe. Vorsichtig tastete er sich vorwärts.

Ein Mann, der den Blinden kannte, kam ihm entgegen. „Dass du blind bist, wusste ich. Aber dass du auch ein Dummkopf bist, wusste ich noch nicht. Was willst du denn mit der Lampe? Für dich sind Finsternis und Helligkeit doch vollkommen gleich!"

Der Blinde lachte und sagte: „Die Lampe leuchtet auch nicht für mich. Sie ist für so unvernünftige und kurzsichtige Leute wie dich, damit sie mich in der Dunkelheit nicht anrempeln und meinen Krug nicht zerbrechen!"

Zuversicht

Betrübt und niedergeschlagen saß eines Abends ein Schreiner in seiner Werkstatt. Da trat ein Freund herein, der auf seinem Weg noch Licht bei dem Schreiner gesehen hatte, und er fragte ihn nach der Ursache seines Kummers.

„Ach, ich weiß nicht mehr weiter. Der König hat mir befohlen, bis morgen früh tausend Säcke Sägemehl aus Hartholz für seine neue Reithalle abzuliefern. Sollte ich den Auftrag nicht erfüllen können, kostet es meinen Kopf. Nun habe ich tage- und nächtelang gesägt, doch erst sieben Säcke mit Sägemehl gefüllt. Wenn du in meiner Haut stecken würdest", sagte der Schreiner, „würdest du auch so empfinden."

Da schüttelte der Freund lächelnd den Kopf und sagte: „Sei frohen Mutes! Lass uns essen und trinken und fröhlich sein. Bis morgen früh ist es noch lange hin. Lass uns beten und bitten, Gott der Allmächtige wird uns schon helfen."

Nebenan, in der Wohnstube des Schreiners, hatten sie alle Mühe, die klagende Frau und die weinenden Kinder zu trösten und ihre Sorgen auf Gott zu lenken. Bald stand auf dem Tisch, was Küche und Speisekammer hergaben. Sie aßen, tranken, tanzten und sangen frohe Lieder. So feierten der Schreiner, seine Familie und sein Freund, als wenn ihre letzte Stunde geschlagen hätte und es für sie nie wieder Gelegenheit zum Feiern geben würde.

Als die Hähne krähten und die Sonne aufging, fielen alle in ein tiefes Schweigen, und große Angst erfasste sie. Kein Holz war gesägt, und nicht ein Pfund Sägemehl war bereitgestellt.

Da schlugen schon die Knechte des Königs an die Tür des Schreiners. Er meinte, dass seine letzte Stunde gekommen sei. Unter Tränen verabschiedete er sich von seiner Frau und seinen Kindern und dankte dem Freund für seinen Beistand.

Dann öffnete er seinem Schicksal ergeben die Haustür.

„Endlich, Schreiner, was brauchst du so lange? Mache dich bereit und schreinere den schönsten Sarg. Denn unser geliebter Herrscher ist heute Nacht gestorben!"

Annäherung

Am Ufer des heiligen Flusses Ganges sollte ein
großes Fest zu Ehren der Flussgöttin stattfinden,
zu dem schon viele große Herren und Fürsten
angereist waren. Ein frommer Fürst aber traf
wegen seines langen und beschwerlichen Reise-
weges von weit her so spät ein, dass er am Ufer
des Flusses keinen Lagerplatz mehr für sich und
seine Gefolgschaft einrichten konnte, sondern
in einem abgelegenen Waldstück seine Zelte auf-
schlagen musste.

Die anderen Fürsten machten sich über ihn
lustig und nannten ihn einen Hinterwäldler und
Waldschraten. Der Fürst aber kümmerte sich
nicht um ihren Spott, doch seine Minister und
Diener waren außer sich vor Wut über diese
Beleidigungen ihres Fürsten. „Kümmert euch
nicht darum. Lasst sie doch reden. Für einen
frommen Menschen ist es einerlei, ob er die

Göttin am Ufer des Ganges oder in einem öden Wald verehrt. Ohne Vorstellungskraft gibt es keinen Glauben. Und wenn die Göttin uns liebt, wird sie auch bis hierher finden."

In der Nacht vor dem großen Fest donnerte es, und Blitze zuckten. Schwere Wolken zogen auf und es begann, in Strömen zu regnen. Die ganze Nacht hindurch hielt das Unwetter an, und der Fluss trat über seine Ufer. Viele Fürsten mussten eiligst ihre Zelte abbrechen, denn die Flut ließ sich nicht mehr aufhalten.

Am nächsten Morgen aber war das Erstaunen aller groß als sie sahen, dass der Ganges in einem sanften Bogen an den Zelten des geschmähten Fürsten vorbeifloss. Und sie verneigten sich in Ehrfurcht vor dem Frommen, den die Gottheit liebt.

Affenschande

Ein Affe prahlte immerfort, dass kein Lebewesen unter der Sonne höher und weiter springen könne als er. Darum forderte er alle Tiere des Waldes auf, ihn als König des Himmels anzuerkennen. Eines Tages gab er einem Fremden gegenüber großmäulig mit seinen Fähigkeiten an. Es war Gott, der sich bückte und das Äffchen in seine Hand nahm.

„Du sollst der König des Himmels werden, wenn du es schaffst, aus meiner Hand herauszuspringen", versprach er.

Der Affe verzog verächtlich das Gesicht: „So ein Sprung ist nun wirklich eine Kleinigkeit", sagte er.

Er holte tief Luft, ruderte mit den Armen und sprang so hoch und weit, wie er es noch niemals zuvor in seinem Leben getan hatte – und er sprang wahrhaftig bis ans Ende der Welt. Dort standen vier Säulen, die den Himmel stützten. An eine Säule machte er ein Zeichen als Beweis, dass er bis hierher gesprungen war. Dann nahm er Anlauf und sprang in einem Satz wieder zurück in Gottes Hand.

„Na, da staunst du?", rief der Affe. „Bis ans Ende der Welt bin ich gesprungen, und wenn du es nicht glaubst, sieh selber nach, denn ich habe an eine der Säulen mein Zeichen gemacht!" Und mit stolzgeschwellter Brust rief er: „Jetzt bin ich der König des Himmels!"

Doch Gott lächelte nur, streichelte mit dem Daumen das Fell des Äffchens und sagte zu ihm: „Die vier Säulen, kleiner Freund, waren doch nur meine Finger. Denn wisse, auch du kannst nicht aus meiner Hand herausspringen!" Er setzte den Affen behutsam zu Boden, und der verschwand beschämt zwischen den Blättern.

Durchdrungen

Zwei Wanderer gingen eine staubige Straße entlang und wurden sehr durstig. Sie beschlossen, in einem Rasthaus etwas zu trinken, mussten jedoch feststellen, dass ihre gemeinsame Barschaft nur für ein Glas Milch reichte.

„Trink du deine Hälfte zuerst", bot einer seinem Freund an. „Ich habe noch eine Prise Zucker, die ich in meinen Teil geben werde."

„Tue den Zucker doch jetzt hinein, dann haben wir beide etwas davon."

„Nein, der Zucker reicht nicht für das ganze Glas Milch."

Da ging der Wanderer in die Küche und brachte einen Salzstreuer mit.

„Ich habe meine Hälfte der Milch mit etwas Salz verfeinert. Aber keine Sorge, es ist noch genug für deine Hälfte da."

Zur Sicherheit

Zu den Predigten des Propheten Mohammed kamen die Gläubigen von nah und fern, um seinen Worten zu lauschen. Einer blieb den ganzen Tag über in seiner Nähe. Er hörte andächtig zu und betete mit der Gemeinde. Als die Dämmerung kam, verabschiedete er sich von Mohammed und ging zu der Palme, unter der er am Morgen sein Kamel zurückgelassen hatte.

Doch kurz darauf kam er in fliegender Hast zum Propheten zurückgerannt, schimpfte und schrie: „Was ist das für eine Welt? Heute Morgen ritt ich mit andächtigen Sinnen zu dir, um die Worte des Propheten Gottes zu hören. Und jetzt wurde mir mein Kamel gestohlen. Ich befolge alle deine Gebote, achte auf Gottes Wort, und was habe ich nun davon? Mein Kamel ist fort! Ist das göttliche Gerechtigkeit? Ist das der Lohn der Tugend? Wie komme ich jetzt nach Hause?" So lamentierte er in einem fort.

Als dem Frommen endlich der Atem knapp wurde, lächelte Mohammed ihn an und sagte: „Glaube an Gott – und binde dein Kamel fest!"

Erhellend

Ein berühmter orientalischer Schriftgelehrter
saß in seinem Studierzimmer, das mit wertvollen
Teppichen, Möbeln und Büchern ausgestattet
war. Die Bücherregale reichten bis unter die
Zimmerdecke, Bücher stapelten sich auf den
Tischen, und doch waren sie alles zusammen-
genommen nur ein Bruchteil von dem Wissen,
das der Gelehrte im Kopfe hatte.

Eines Tages trug der Wind Stimmen und
Gesprächsfetzen durch das offene Fenster. Der
Gelehrte hielt in seiner Arbeit inne, verwundert
über die Worte, die an sein Ohr drangen. Er rief
seinen Diener zu sich und befahl, den Redner da
draußen ausfindig zu machen und ihn sofort zu
ihm zu bringen. Nach kurzer Zeit kam der Diener zurück und schob einen zerlumpten und un-
willigen Beduinen ins Arbeitszimmer.

Da sprach der Gelehrte zu ihm: „Du weißt vielleicht, dass ich als der berühmteste Schriftgelehrte unseres Landes gelte und an allen Universitäten der ganzen Welt bekannt bin. Meine Bücher werden überall studiert. Hier allein siehst du mehr Bücher in einem Raum, als du in deinem ganzen Leben bisher gesehen hast. Sicher bist du nicht einmal des Lesens und Schreibens kundig. Und doch wagst du zu behaupten, der neue Prophet sei gekommen."

„Herr, es tut mir leid, wenn ich dein Auge und deinen Verstand beleidigt habe. Nie hätte ich es gewagt, dir zu sagen, was ich denke. Doch da du mich holen ließest und mich gefragt hast, so will ich versuchen, dir mein Denken verständlich zu machen. Herr, du verfügst über unendlich viele Reichtümer und Kostbarkeiten des Wissens. Wahre Schätze der Gelehrsamkeit türmen sich allein in diesem Zimmer. Wenn ich diese deine Schätze mit den Schätzen des Kalifen vergleiche, so sind deine Kostbarkeiten wie die seinen verborgen in der Schatzkammer deines Verstandes und streng bewacht in diesem Zimmer.

Mein Wissen dagegen ist wie die Steine in der Wüste: Es liegt offen herum, unsere Füße treten darauf. Nun denke dir, die Sonne geht über dem Horizont auf und sendet ihre Strahlen zu uns. Ich frage dich nun, Gelehrter, wer nimmt wohl ihre Strahlen auf und spiegelt ihren Schein: deine kostbaren, verborgenen und bewachten Schätze oder meine Steine im Wüstensand?"

Lohnend

Eines Nachts schlich sich ein Dieb in das Haus eines frommen Mannes. Er huschte von Zimmer zu Zimmer, doch fand er nichts, das sich zu stehlen lohnte. Da wurde er vom Hausherrn überrascht: „Ich bin tief beschämt, dass du in mein Haus kommst und ich den Gesetzen der Gastfreundschaft nicht genügen kann. Hier ist Wasser zu deiner Erfrischung und Reinigung. Wenn du bleiben und mit mir die Heiligen Schriften studieren willst, so möchte ich dir morgen etwas geben, damit du nicht mit leeren Händen mein Haus verlassen musst."

Verwirrt über dieses ungewöhnliche Angebot nahm der Dieb die Einladung an. In den frühen Morgenstunden wurden dem Hausherrn fünfzig Goldstücke gebracht, die ihm jemand seit langem schuldete. „Hier nimm!", sagte der Hausherr und übergab dem Dieb das Geld. „Das ist dein Lohn für das Gebet einer Nacht."

Zutraulich

In den kühlen Abendstunden gingen drei junge
Mönche im Wald spazieren und unterhielten sich
angeregt über die Lehren, die ihnen ihr Meister
an diesem Tage vermittelt hatte. Eifrig diskutierten sie die Worte des Meisters, dass Gott in dir
und mir, in allen Menschen lebt, ja sogar in allen
Lebewesen seiner gesamten Schöpfung. So in
ihr Gespräch vertieft schraken sie mit einem
Mal auf, als sie das Splittern und Knacken von
Holz, das Rauschen der Blätter und dröhnendes
Gestampfe vernahmen, das sich ihnen rasch
näherte. Voller Entsetzen erkannten sie einen in
Panik geratenen Elefanten, der geradewegs auf
sie zustürmte.

„Aus dem Weg! Aus dem Weg!", schrie war-
nend der Elefantentreiber, der hinter seinen Tie-
ren herrannte. Zwei der Mönche sprangen rasch
hinter einen mächtigen Baumstamm, der ihnen

Schutz bot. Der dritte Mönch aber stellte sich dem Elefanten in den Weg und rief mit ausgebreiteten Armen: „Ist Gott nicht auch in diesem wilden Elefanten?" – Im nächsten Augenblick trampelte ihn der Elefant nieder.

Die beiden Mönche trugen ihren arg zerschundenen Mitbruder zum Meister und berichteten ihm den Vorfall. Da konnte sich der Meister des Lachens kaum erwehren und sagte zu seinem ‚mutigen' Schüler: „Sicherlich lebt Gott in allen Lebewesen und auch in diesem wildgewordenen Elefanten. Ich habe dich nicht gelehrt, vor wilden Elefanten nicht Reißaus zu nehmen. Doch bedenke bitte, dass Gott auch in dem Elefantentreiber wohnt. Warum also gehorchtest du seiner vernünftigen Warnung nicht?"

Gott gibt

Ein Mönch und ein Bauer trafen sich auf der
Landstraße und gingen bereits ein Stück des
Wegs gemeinsam, als sie der Hunger zu plagen
begann. Da sie aber kaum noch etwas zu Kauen
hatten, sagte der Bauer: „Lass uns weitergehen
zum Hof des Königs. Wenn wir ihn genug
loben, haben wir unser Glück gemacht." Der
Mönch aber lachte und meinte: „Gott gibt, was
könnte da der König tun? Was einem von Gott
zugedacht ist, das bekommt man auch!" „Ob du
es Gott oder Schicksal nennst, darauf will ich
mich nicht verlassen. Der König ist sehr großzügig. Wenn wir es recht anstellen, wird er uns
reich belohnen."

So ging ihr Disput hin und her bis sie vor
dem König standen und ihn um seine Entscheidung in dieser Frage baten. Als der Bauer seine
Meinung vorgetragen hatte, war der König höchst

zufrieden. Auf die Darlegung des Mönches hingegen reagierte er sehr verschnupft. Darum sagte er den beiden, dass er ihnen seine Antwort am nächsten Tag geben werde.

Tags darauf überreichte der König dem Mönch eine Handvoll Bohnen, ebenso Reis und eine Prise Salz. Der Bauer erhielt einen Sack Reis, einen Topf Schmalz und einen mit Gold gefüllten Kürbis. Der König befahl ihnen, sich daraus ihr Mittagessen zu kochen und am Abend wieder vor ihn zu treten.

Als sie bei der Zubereitung ihrer Mahlzeiten waren, kam dem Bauern der Gedanke, dass es doch sehr viel Mühe machte, einen so großen Kürbis zu schälen, zu zerschneiden und dann noch zu warten, bis er endlich gar ist; und außerdem bekomme er von Kürbis immer Magendrücken, und überhaupt seien Bohnen viel leichter zuzubereiten. „Lass uns das Gemüse tauschen, denn Kürbis bereitet mir immer Beschwerden", bat er den Mönch, der darauf bereitwillig einging.

Der Bauer hatte seine Mahlzeit bereits beendet und lag schon im schönsten Mittagsschlaf, als der Mönch den Kürbis aufschnitt und darin das Gold fand. Er band das Gold und einen halben Kürbis in ein Tuch, und nachdem auch er gegessen hatte, legte er sich schlafen.

Am Abend erschienen der Bauer und der Mönch wieder vor dem König, und der König sprach zum Mönch: „Bist du jetzt eines Besseren belehrt: Der König gibt, was kann da das Schicksal noch tun?"

Tief verneigte sich der Mönch und hielt dem König den halben, goldgefüllten Kürbis hin: „Nein, mein König, Gott gibt, was könnte da der König noch tun?"

Da erkannte der König, dass seine List nicht aufgegangen war und dass der Mönch die Wahrheit sprach: „Es stimmt, was du sagst, Mönch: Gott gibt, was könnte der König tun." Und er beschenkte sie reichlich, damit sie ihr Auskommen hatten für ihren weiteren Weg.

Offensichtlich

Ein Schüler fragte den Meister, ob es eine
Schwäche gebe, die man nicht verbergen kann.
   „Solcher Schwächen gibt es drei", sagte
der Meister, „nämlich: Keuchhusten, Armut
und schlechte Erziehung."

Lebensglück

Zum Meister kam ein Mann und bat ihn, er möge einen Gedanken niederschreiben, der ihm
und seine Familie Anregung und Verpflichtung
sein möge, damit das Glück seinem Hause ge-
wogen bleibe.

Der Meister nickte nachdenklich. Dann nahm
er einen Stift und schrieb:

Vater stirbt. Sohn stirbt. Enkel stirbt.

Das war nun gar kein so weises und glück-
verheißendes Motto in dem Sinne, wie es sich
der Mann erhofft hatte. „Willst du mich verhöhnen?", rief er verärgert. „Natürlich werden wir
alle sterben. Aber das ist doch kein Glücksmotto,
das meiner Familie hilft!"

„Ich hatte nicht die Absicht, dich zu ver-
ärgern", sagte der Meister. „Und der Gedanke,
den ich dir aufgeschrieben habe, ist tatsächlich
ein Gedanke des Glücks. Denn bedenke das Un-

glück, wenn dein Sohn vor dir sterben würde. Wenn dein Enkel vor deinem Sohn sterben würde, wie stände es dann um euer Glück? Wenn in deiner Familie viele Generationen lang in der von mir geschriebenen Reihenfolge gestorben wird, so ist das der natürliche, von keinen schmerzlichen Verlusten erschütterte Ablauf des Lebens. Das nenne ich wahres Glück."

Schuldfrage

Ein Mädchen war zum Brunnen gegangen, um Wasser zu holen. Nachdem sie ihr Gefäß gefüllt hatte, wollte sie vor dem Heimweg noch ein wenig ausruhen. Sie setze sich auf den Brunnenrand und war, gegen das Ziehgestänge gelehnt, bald eingeschlafen.

Das Schicksal sah sie dort hocken und näherte sich in Gestalt einer alten Frau dem schlafenden Kind. Vorsichtig weckte sie das Mädchen.

„Warum lässt du mich nicht schlafen?", beschwerte sich das Kind.

„Damit du nicht in den Brunnen fällst. Denn dann würden die Menschen wieder mir die Schuld an deinem Unglück geben, statt deine Dummheit anzuklagen."

Tragweite

Zum Meister kam ein junger Mann, der fragte:

„Meister, sage mir, was ist vorteilhafter: großes Wissen zu besitzen oder ein großes Vermögen sein eigen zu nennen?"

„Großes Wissen ist besser", antwortete der Meister.

„Wie kann das sein, dass Wissen günstiger sein soll als Reichtum? Denn warum sieht man so oft die Gelehrten von den Reichen Unterstützung erbitten, aber niemals die Reichen von den Gelehrten?"

„Weil die Weisen sehr wohl den Wert des Geldes kennen", sagte der Meister, „die Reichen aber nicht den Wert des Wissens."

Augenblick

„Was bedeutet schon die Zeit?", sagte der Meister.
„Und was bedeutet ein Augenblick? Flüchtige
Begriffe, die die Sinne täuschen. Madschnun
widmete sein Leben einzig und allein der Liebe
zu Leila, der Frau, die er nie erreichen konnte,
da sie mit einem anderen vermählt war. Doch be-
kümmerte es ihn nicht, dass seine Liebe in dieser Welt ohne Hoffnung blieb. Die Liebe allein
war für ihn von Bedeutung.

Ein Gelehrter wollte Madschnun aus seinem
Wahn befreien. Um ihm zu verdeutlichen, wie
viele Jahre seines Lebens er schon vergeudet hatte, fragte er ihn:

,Madschnun, sage mir, wie alt du bist.'

Er musste die Frage mehrmals wiederholen,
bis seine Stimme den Liebenden erreichen konnte. Wie aus einem Traum erwachend, wandte sich

Madschnun endlich dem Frager zu und antwortete mit leiser Stimme:

‚Eintausend und dreißig Jahre bin ich alt.‘

‚Willst du mich verhöhnen?‘, rief der Gelehrte. ‚Das Alter, das du mir nennst, kann doch nur deiner verwirrten Fantasie entspringen. Oder solltest du wirklich so verrückt sein, wie die Leute von dir behaupten?‘

Keine Miene bewegte sich in Madschnuns Gesicht. Gelassen sah er dem gestenreichen und lautstarken Gefühlsausbruch des Gelehrten zu, und da dieser keine Ruhe geben wollte, sagte er endlich:

‚Ich bin tausend und dreißig Jahre alt. Was verwundert dich daran? Denn tausend Jahre dauerte der Augenblick, als Leilas und meine Augen sich trafen, und dreißig ist die Zahl der Jahre, die ich vorher und nachher ohne sie lebte.‘“

99

Geheimnis

Was das Geheimnis der Erleuchtung sei, wollten
die Schüler vom Meister wissen. Da erzählte er
ihnen das Gleichnis von der Kerze.

Die Nachtfalter aus aller Welt waren zu
einem großen Kongress zusammengekommen,
auf dem sie das Geheimnis des Kerzenlichts
erörtern wollten. Viele Reden wurden gehalten,
und nach allen Vorträgen erkannten sie, dass
sie dem Rätsel, das ihnen ihre Sehnsucht nach
dem Licht der Kerzen aufgab, keinen Flügel-
schlag näher gekommen waren.

„Wir werden Kundschafter ausschicken müssen. Die erfahrensten von uns sollen sich dem
Kerzenlicht so dicht annähern, wie es noch niemand vorher gewagt hat, und uns dann berichten", schlug der Präsident der Versammlung vor.

Der Rat wurde angenommen, und ein küh-
ner Falter flog los in die laue Sommernacht.
Nach einigem Suchen hatte er endlich eine Kerze
entdeckt, die auf einem Gartentisch die Nacht
erhellte. Mutig näherte er sich dem Wunder und
umflog die leuchtende Erscheinung von allen

Seiten. Er wagte sich näher an das Geheimnis als je zuvor in seinem Leben, doch neue Erkenntnisse wollten sich ihm nicht vermitteln.

Auch die Kongressmitglieder waren enttäuscht, und nach langer Beratung entschlossen sie sich, einen zweiten Forscher auszuschicken.

Der fand bald die brennende Kerze und umkreiste sie in immer engeren Kurven. Von oben und unten, von allen Seiten näherte er sich dem Leuchten, dass seine Flügel fast versengt worden wären. Unvorstellbare Sehnsucht schien ihn in ihren Bann zu ziehen, verwirrte seine Sinne, so dass er schon zu taumeln begann und sich mit letzter Anstrengung nur knapp befreien konnte.

Ein Raunen ging durch die Versammlung, als er von seiner Expedition berichtete, und entmutigt ließen die Falter ihre Fühler hängen, als auch dieser mutige Forscher ihnen keine neue Erkenntnis über das große Geheimnis enthüllen konnte.

„Es gibt nur einen Weg", meldete sich schließlich ein junger Falter zu Wort. „Folgt mir alle, und wir werden sehen, was sich ergibt."

Zwar war die ganze Versammlung äußerst skeptisch, aber wenn es doch noch einen Weg geben sollte, das große Geheimnis zu enträtseln, wollten sie dies nicht verhindern.

Sie folgten dem jungen Falter auf dem schon bekannten Weg. Allmählich erhellte sich die Nacht, und sie fühlten, dass sie dem Wunder näher kamen. Mit kraftvollen Flügelschlägen eilte der junge Falter voraus, flog einen eleganten Bogen und stürzte sich mit ausgebreiteten Flügeln ohne zu zögern in das Herz der Flamme.

Eine Sekunde lang verklärte ihn gleißendes Licht, strahlender Glanz umhüllte seinen Leib. Dann entschwand er ihren Blicken, eins geworden mit dem großen Geheimnis.

Entsetzt, betroffen und verwirrt umschwärmten die Falter das Kerzenlicht und versuchten zu verstehen, was sie soeben erlebt hatten.

„Nur er allein kennt das große Geheimnis", sagte schließlich ein alter Falter in das beklemmende Schweigen hinein. „Wer in das Geheimnis eingetreten ist, der kommt nicht wieder, der ist eins geworden mit der Antwort auf alle unsere Fragen, ist Frage und Antwort zugleich. Doch wer wiederkehren sollte und erklären will, der ist kein Wissender."

Abkürzung

An einem herrlichen Sommertag ging ein Mann mit festem Schritt die Landstraße entlang. Er freute sich, bald nach Hause zu kommen.

„Ich könnte doch eigentlich eine Abkürzung durch den Wald nehmen, da ist es auch viel kühler", überlegte er.

Munter schlug er sich in die Büsche, war glücklich und guter Dinge, doch im nächsten Augenblick fand er sich auf dem Boden einer versteckten Grube liegend.

Nachdem er sich von dem ersten Schrecken erholt hatte und sicher war, dass seine Knochen heil geblieben waren, fand er rasch zu seinem Optimismus zurück.

„Wie gut, dass ich die Abkürzung genommen habe. Wenn mir schon in diesem friedlichen Wald so ein Missgeschick widerfährt, wer weiß, welch großes Unglück mir auf der gefährlichen Landstraße zugestoßen wäre?"

Entscheidung

Während eines Ausflugs aufs Land hatte eine Herrscherin ihr kostbares Geschmeide verloren. Sie schickte Boten aus, um dem ganzen Volk bekanntzugeben, dass derjenige, der ihre Juwelen innerhalb von dreißig Tagen finde, reich belohnt werde, wenn er sie sofort zurückbrächte. Wer den Schmuck aber erst nach Ablauf der dreißig Tage zurückgäbe, der solle des Todes sein.

Ein frommer Mann fand die Edelsteine. Er gab sie aber innerhalb der festgesetzten Frist nicht zurück, sondern wartete ruhig ab, bis die dreißig Tage verstrichen waren. Erst danach überbrachte er der Herrscherin den verlorenen Schmuck.

„Warst du verreist?", erkundigte sich die Herrscherin.

„Nein, ich war zu Hause", antwortete der Mann.

„Dann warst du sicher krank?"

„Durchaus nicht."

„Dann ist dir sicher nicht bekannt gewesen, dass ich eine Frist gesetzt habe?"

„Davon hatte ich gehört."

„Dann weißt du auch, dass ich dich entsprechend meiner Androhung jetzt hinrichten lassen muss. Warum aber hast du dann den Schmuck nicht innerhalb von dreißig Tagen zurückgebracht?"

„Weil ich bei meiner Ehre nicht wollte, dass du den Eindruck gewinnst, ich hätte den Schmuck nur aus Angst vor deiner Strafe zurückgebracht."

Stumme Zwiesprache

Ein junger Mann hatte ein reiches Erbe und wurde mit einer jungen Frau verheiratet, die ebenso schön wie klug war. Noch war das junge Paar nicht lange zusammen, als die Frau erkannte, dass sie zwar einen ansehnlichen und braven, aber leider auch sehr dummen Mann geheiratet hatte. Solange sie vom Geld der Erbschaft leben konnten, kannten sie keine Not, doch was sollte aus ihnen werden, wenn es einmal aufgebraucht sein sollte?

Die Frau ermunterte ihn, sich eine Arbeit zu suchen. Sie empfahl ihm, in den Dienst des Königs zu treten, eine Tätigkeit als Bote oder irgendeine andere leichte Arbeit anzunehmen.

„Liebe Frau, ich kann nicht mehr lesen und schreiben als nur meinen Namen. Ich kann kaum etwas behalten, kann keine Reden halten, habe zwei linke Hände, und ich bin wohl zu nichts ernsthaft zu gebrauchen."

Da müsse sie wohl klug für beide sein, dachte die Frau. Nach einigem Überlegen sagte sie zu ihrem Gatten:

„Nimm diese zwei Tonkugeln. Gehe in die Stadt des Königs, und wenn er Audienz hält, setze dich inmitten seines Hofstaates so, dass er dich sehen kann. Wenn er zu dir hinblickt, zeige ihm eine Kugel. Falls er dann nicht zu dir spricht und dir nichts gibt, dann zeige ihm auch die zweite Kugel."

Sie ließ ihn das einige Male wiederholen, bis sie sicher war, dass er den Auftrag werde ausführen können.

Der Mann tat genau so, wie seine Frau es ihm erklärt hatte, und erhielt vom König einen prallen Beutel mit Goldstücken.

Die anwesenden Hofleute konnten das Verhalten des Königs nicht begreifen. Waren unter ihnen doch die gelehrtesten Männer des Landes, und kaum einer konnte sich erinnern, vom König wegen seiner Gelehrsamkeit so großzügig belohnt worden zu sein.

„Warum hast du denn dem dummen Kerl eine solch stattliche Summe geschenkt? Oder sollte es sein, dass dir das Wissen der wahrhaft gelehrten Männer so wenig bedeutet?"

Der König beantwortete ihre Frage mit einer Gegenfrage:

„Da ihr so kluge Männer zu sein vorgebt, so erklärt mir doch, was der, den ihr einen Dummkopf nennt, mir mit seiner Zeichensprache mitgeteilt hat."

Lange beratschlagten sich die Gelehrten, doch sie kamen zu keiner gemeinsamen Lösung. Beschämt gestanden sie ihr Unverständnis ein und baten den König um Aufklärung.

„Als mir der Mann die eine Kugel zeigte, wollte er mir sagen: ‚Ich bin nicht mehr als diese Kugel: Zwar rolle ich angenehm durchs Leben, aber ich bin nur Staub, der wieder zerfällt. Innen bin ich hohl und leer. Außen bin ich nackt und arm.'

Als ich ihm keine Almosen geben wollte, zeigte er mir die zweite Kugel. Damit sagte er mir: ‚Die eine Kugel bin ich. Die andere aber bist du.'

Wenn ich ihm daraufhin nichts geschenkt hätte, müsste meine Dummheit noch größer genannt werden als die seine. Darum beschenkte ich ihn besonders reich."

Äußerlich

Eine gute und gottesfürchtige Frau hatte einen Sohn, der für die Gesetze des Anstands und die Gebote Gottes wenig übrig hatte. Ihre Bitten und Ermahnungen hatten sein wildes Temperament nicht zügeln können.

Deshalb war sie nicht schlecht überrascht, als ihr Sohn eines Tages beschloss, sich einer Pilgerreise zu den heiligen Quellen anzuschließen. Es schien ihm dies eine gute Gelegenheit zu sein, sich der Aufsicht der Mutter mit einer Begründung zu entziehen, die sie unmöglich ablehnen konnte. Zugleich würde er etwas von der Welt sehen, und wenn das Baden in dem heiligen Wasser ihn von seinen Sünden reinwaschen würde, wäre auch das ein großer Gewinn.

„Durch eine solche Wallfahrt, mein Sohn, wirst du dein Seelenheil nicht erlangen", erklärte ihm seine Mutter. „Solche Reisen sind zwar sehr beliebt, doch bedeuten sie nicht mehr als Geldausgeben und eine schöne Abwechslung, wenn dir die rechte innere Einstellung zu solch einer Pilgerfahrt fehlt. Denn in welchen heiligen Quellen du auch immer baden wirst, das Wasser kann den Schmutz deiner Sünden und Fehler nicht von deiner Seele waschen, solange du ihre Ursache, nämlich deine Einstellung zu den Geboten Gottes und der Menschen, nicht änderst."

Doch wie immer wollte er solche Ermahnungen gar nicht hören und war von seinem Vorhaben nicht abzubringen. Da gab ihm die Mutter zum Abschied einen kleinen ungenießbaren Kürbis mit auf die Reise und bat ihn, ihr zu versprechen, den kleinen Kürbis mit in das heilige Wasser zu nehmen, in welcher Quelle er auch immer baden werde.

Das schien dem Sohn ein geringes Zugeständnis zu sein, und er versprach, diesmal sein Wort zu halten. Das tat er auch wirklich und nahm den kleinen Kürbis jedes Mal mit in das heilige Quellwasser. Nach vielen Wochen kehrte er mit zahlreichen Amuletten geschmückt in das Haus seiner Mutter zurück. Er erzählte ihr, wo er überall gewesen sei und welche Abenteuer es zu bestehen galt. Auch berichtete er, dass er sich den Kürbis an einer Schnur befestigt um den Hals gehängt habe, wenn er in die heilige Quelle gestiegen sei.

„Du wirst hungrig und müde sein", sagte die Mutter. „Ruhe dich ein wenig aus, bis ich das Essen angerichtet habe."

Sie nahm den Kürbis und bereitete daraus ein Gemüse, das sie ihrem Sohn brachte.

Er nahm einen Bissen, und kaum hatte er das Gemüse geschmeckt, da spie er es voller Entsetzen wieder aus.

„Das ist ja widerlich!", rief er. „Völlig ungenießbar! Das reinste Gift!"

„Ich verstehe dich nicht, mein Sohn. Wie kann das Gemüse aus einem Kürbis ungenießbar sein, der doch wie du in allen heiligen Quellen gebadet hat?"

„Und wenn er hundertmal in heiligem Wasser gewaschen wurde! Durch seine harte Schale wird ihm seine entsetzliche Bitterkeit nicht genommen, die in seinem Innern ist!"

„Wie du soeben erkannt hast, mein Sohn, haben alle heiligen Wasser das Übel dieses Kürbisses nicht fortwaschen können. Wie sollen

also solche Bäder die Seele von den Übeln befreien können, die durch Verletzung anderer,
durch Unwahrheiten, Diebstahl, sittenloses Verhalten und andere Sünden an ihr haften? Wenn
du für deine Mitmenschen nicht ebenso ungenießbar sein willst wie dieser Kürbis, dann
vermeide in deinem Inneren die Ursachen der
Übel."

Gleichmütig

Der Meister ritt auf einem alten Klepper seines Weges und kam alsbald zu einer Herberge. Der Wirt schaute verwundert die elende Mähre an.

„Wie ist es denn möglich", rief er, „dass du, der von allen Menschen hoch verehrt wird, auf so einem ausgemergelten Gaul reiten musst? Kann es denn sein, dass du dir kein edles Reittier, kein rassiges Pferd leisten kannst, das deiner Würde mehr entspricht?"

„Ich brauche das Pferd weder, um darauf vor Feinden zu fliehen, noch muss ich jemandem nachjagen, da mir niemand Böses getan hat", sagte der Meister.

Ausweg

Ein Mann hatte sich vorgenommen, auf seinem
Grundstück einen wunderbaren Rasen anzu-
legen. Dicht und federnd sollte er sein, und an
den Rändern sollten ausgesuchte Blumen mit
bunten Blüten das tiefe Grün des Rasens noch
mehr zur Geltung bringen.

Der Boden wurde vorbereitet, teuerstes Saatgut wurde ausgebracht, dann wurde gedüngt
und gewässert, und schon nach einigen Tagen
zeigte sich das erste Grün.

Der Rasen wuchs prächtig. Regelmäßiges
Schneiden, Düngen und Vertikutieren ließen ihn
gedeihen.

Eines Tages jedoch zeigte sich ein Löwenzahn. Das war nun nicht die Blume, die der
Gärtner in seinem Rasen sehen wollte. Er stach
sie aus. Am nächsten Tag erblühten schon vier
Löwenzahnpflänzchen. Und dann ging es richtig

los: Überall breitete sich der Löwenzahn aus, gerade so, als wenn er auf den gepflegten Rasen nur gewartet hätte, von dem allerdings bald nicht mehr viel zu sehen war.

Der Gärtner war verzweifelt. Keines seiner chemischen Mittel half. Im Gegenteil, der Löwenzahn gedieh prächtig.

In seiner Not suchte der Gärtner Rat bei allen Gärtnern der Umgebung. Jeder pries aus dem reichen Schatz seiner Erfahrungen das beste Mittel. Doch jedes Mal sagte der Mann, er habe das alles schon probiert, nichts habe geholfen.

Nur ein alter Gärtner wusste einen Rat, den ihm noch niemand unterbreitet hatte.

„Ich schlage vor", sagte der alte Gärtner, „dass du anfängst, den Löwenzahn zu lieben."

Gastlich

So lange man sich erinnern konnte, waren die Sippen von Ali und Omar miteinander verfeindet. Obwohl niemand mehr die Ursache der Streitigkeiten benennen konnte, gab es immer wieder Konflikte wegen der Weiderechte, der Wasserzufuhr oder der Grenzziehung.

In diesem Jahr war es Omars Familie schlecht ergangen. Eine Seuche war ausgebrochen und hatte fast alle Tiere dahingerafft. Die große Trockenheit hatte ebenfalls dazu beigetragen, dass Omar verzweifelt war. In seiner Not fasste er den wahnwitzigen Entschluss, sich von Alis Herde einen Teil zu holen.

Eines Abends schlich er mit einigen Getreuen zu den Weiden, wo Alis Schafe grasten, und sie wollten eben vierhundert Tiere forttreiben, als ein Hirte in sein Horn blies und Alarm gab.

Eine wilde Keilerei begann. Die auf den Alarmruf hin rasch herbeigeeilten Männer Alis konnten die Diebe bald überwältigen. Total erschöpft sanken die Kämpfer nieder.

Nach einiger Zeit raffte Ali sich auf und ging hinüber zu Omar.

„Sage mir, Omar, habt ihr genug zu essen dabei?"

„Willst du mich verhöhnen Ali? Wenn wir genug zu essen hätten, hätte ich die Schmach nicht auf mich nehmen müssen, dir einige Tiere deiner großen Herde zu stehlen. Du hättest den Verlust leicht verschmerzen können, und im nächsten Frühjahr wäre deine Herde schon wieder größer als zuvor."

„Sei es, wie es wolle, Omar. Niemand lässt sich gerne bestehlen. Aber ich kann nicht zulassen, dass du und deine Männer hungrig sind auf meinem Grund und Boden."

Ali rief seine Hirten herbei und befahl ihnen, Omar zweihundert Schafe und Hammel zuzutreiben – als Nachtessen.

Verlangen ✗

Die Tiere hatten eine große Versammlung ein-
berufen, weil sie beraten wollten, wie sie sich
gegen den Raubbau der Menschen schützen
könnten.

„Mir nehmen sie fast alles", sagte die Kuh,
„die Milch, das Fleisch und selbst die Haut."

„Mir geht es auch nicht viel besser", sagte
die Henne. „Mir nehmen sie die Eier weg, und
schließlich muss ich in den Topf."

„Von mir nehmen sie das Fleisch und meine
schöne Haut", sagte das Schwein.

„Und mir rauben sie die Freiheit, weil ich
ihnen etwas vorsingen soll", sagten die Kanarien-
vögel.

Und so hatten alle etwas zu beklagen: die
Hirsche, die Hasen, die Vögel und die Fische,
die Wale und die Seehunde, die Leoparden und
die Elefanten.

Als alle Gruppen ihre Klagen vorgetragen hatten, ließ sich die leise Stimme der Schnecke vernehmen:

„Was ich habe, würden mir die Menschen sofort wegnehmen, wenn sie könnten. Denn was ich habe, fehlt ihnen zu ihrem Wohlergehen am meisten: Ich habe Zeit!"

Entscheidend

„Wer in Erwartung einer Gegenleistung oder Anerkennung schenkt, ist eigentlich mehr ein Händler, denn ein Geber aus Liebe. Nur wer selbstlos gibt, schenkt wirklich", sagte der Meister, und er erzählte seinen Schülern folgende Geschichte.

Am Tage des Gerichtes prüft der Allmächtige die guten und die schlechten Taten. Da zeigt die Waage der Gerechtigkeit, dass gleich viel schlechte wie gute Taten im Leben eines Mannes die Waagschalen im Gleichgewicht halten und keine Seite zu seinen Gunsten oder seiner Verdammnis überwiegt. Da sagt der Herr in seiner Güte zu ihm:

„Gehe zu der langen Reihe der dort Wartenden und frage, ob nicht einer von ihnen dir vom Schatz seiner guten Taten eine schenken mag, damit sich die Waagschale deiner guten Taten zu deiner Erlösung neige, und ich will dich ins Paradies eintreten lassen."

Von Wartendem zu Wartendem geht der Mann, doch antworten ihm manche auf seine

Bitte hin, dass man es sich nicht leisten könne, auch nur eine einzige kleine gute Tat zu verschenken. Andere tun so, als wenn sie nichts gehört hätten, und wenden sich einfach ab.

Verzweiflung ergreift allmählich den Bittsteller, als er erfahren muss, wie es um die Großherzigkeit der Menschen bestellt ist.

Die Reihe der Wartenden wird immer kürzer und somit seine Chance immer geringer. Da fragt ihn einer der zuletzt Angekommenen:

„Was benötigst du denn, Bruder?"

„Eine einzige gute Tat, und sei sie auch noch so klein. Viele hier haben sicher eine ganze Menge davon angehäuft, doch jetzt, zur Stunde der Entscheidung, ist auch nicht ein einziger bereit, mir die geringste gute Tat abzugeben, aus Angst, sie könnte ihm nachher fehlen."

„Oh Mann, deine Sorgen möchte ich haben. Du hast ja eine ganze Waagschale voll und ich nur eine einzige. Und da die eine gute Tat, die ich vorweisen kann, das Gewicht meiner schlechten Taten unmöglich aufzuheben vermag, nützt sie mir ohnehin nichts. Also, ich schenke sie dir."

Dankbar und erleichtert kehrt der Mann zum Richterstuhl zurück.

Wenngleich allwissend, lässt sich der Herr dennoch berichten, wie es ihm ergangen sei.

Glücklich berichtet der Mann von seinen vielen schlechten und der einen guten Erfahrung und lobt den selbstlosen Sünder.

Da lässt der Herr jenen Menschen herbei-holen, der mit dem einzig Guten, das er sein eigen nannte, so freigebig war, und sagt zu ihm: „Du hast jenen Menschen befreit, darum befreie ich dich. Gehe ein ins Paradies."

Blickwinkel

In der schönen und reichen Stadt war ein Penner aufgegriffen worden, der seit Tagen in den Straßen herumlungerte. Er wurde vor den Richter gebracht, denn Landstreicherei wurde in seinem Bezirk als Erregung öffentlichen Ärgernisses abgeurteilt.

„Wer bist du, woher kommst du und was treibst du in meiner Stadt?", eröffnete der Richter das Verhör.

„Ich bin ein einfacher Mann, ich komme aus meiner Heimat, und ich arbeite, wenn man mir Arbeit gibt."

„Aber du scheinst ja keine Arbeit zu haben, wovon lebst du also?"

„Heute habe ich etwas altes Brot erhalten. Das reicht mir bis zum nächsten Tag."

„Ich wollte von dir nicht wissen, was du zu essen hast, sondern welcher Beschäftigung und welchen Zielen du nachgehst."

„Ich nehme das Leben, wie es kommt. An einem Tag habe ich etwas zu beißen, am nächsten Tag muss ich hungern, wie es gerade kommt.

Und nachts schlafe ich, da brauche ich nichts."

„Aber wie kommst du zu Brot, wenn du keines mehr hast?"

„Wie alle Menschen: Ich gehe zum Bäcker."

„Und da stiehlst du ihm das Brot!", schnaubte der Richter im festen Glauben, einen guten Grund gefunden zu haben, den Landstreicher für längere Zeit hinter Schloss und Riegel zu setzen.

„Ich habe noch nie in meinem Leben etwas genommen, was mir nicht gehört!", empörte sich der Landstreicher. „Der Bäcker ist ein gutherziger Mensch, und er gibt mir Kredit."

„Du bleibst ihm also das Brot schuldig?"

„Bis ich ihn bezahlen kann, bleibe ich ihm das Geld schuldig. Ist es etwa ein Vergehen in dieser Stadt, Schulden zu machen?"

„Hier ist es verboten!"

„Dann möchte ich dich bitten, mich nicht eher zu verurteilen, bis sämtliche Kaufleute und Handwerker dieser Stadt auf Ehre und Gewissen darüber ausgesagt haben, wer mehr Schulden hat: du oder ich."

Nach kurzer Bedenkzeit seufzte der Richter und schickte den Landstreicher mit einer ungeduldigen Handbewegung hinaus.

Blüte

Ein Schüler fragte den Meister, warum er Gott danken solle, denn Gott bedürfe seines Dankes doch gar nicht.

„Er nicht", antwortete der Meister, „aber du."

„Ich soll auf den Dank angewiesen sein, den ich dem Höchsten darzubringen bereit bin?", wunderte sich der Schüler. „Das ist doch ein Widerspruch in sich."

„Muss nicht die Pflanze erst blühen, bevor sie Früchte trägt?"

„Darin liegt ihre Bestimmung und Vollendung", sagte der Schüler.

„Die Dankbarkeit", sagte der Meister, „ist die Blüte des Geistes."

Notgedrungen

In einer kargen Landschaft, in der kaum ein
Baum wuchs und zwischen lauter Fels und Stein
nur dürre Halme zu finden waren, fristete eine
kleine Familie ihr dürftiges Dasein. Eine Hütte
aus Felsstein und zwei magere Ziegen waren ihr
ganzer Besitz.

Da geschah es, dass in der Nacht zu Ostern
ein Wolf geschlichen kam und die beiden Ziegen
riss.

Nun war ihnen nichts geblieben, wovon sie
sich hätten ernähren können. Die blanke Not
trieb sie, ihre wenigen Habseligkeiten zu einem
Bündel zu schnüren und in die Fremde zu ziehen.

Nach manchem Leid, vielen Demütigungen
und Enttäuschungen fanden sie weit weg von
ihrer Heimat eine Arbeit und eine Unterkunft.
Zwei Jahre später konnte der Mann ein Stück
Wiese pachten und dort ein Schaf weiden lassen.
Er arbeitete fleißig und brachte es schließlich
zu einem Häuschen, einer Kuh, einem Ochsen
und acht Schafen.

Wieder nahte das Osterfest, und der Mann zündete zwei Kerzen an.

„Warum zwei Kerzen?", fragte ihn seine Frau. „Eine, weil morgen Ostern ist, das verstehe ich. Aber wozu die zweite?"

„Das ist als Dank für den Wolf, der uns aus unserer Heimat vertrieben hat."

Tausch

Eine Frau war mit der biblischen Erzählung von der Erschaffung Evas nicht einverstanden und reklamierte beim Rabbi:

„Das ist schon eine etwas seltsame Geschichte, die Euren Gott nicht eben im besten Licht darstellt. Er wartet, bis Adam schläft, also ahnungslos oder betäubt ist, und dann nimmt ihm Gott heimlich eine Rippe aus dem Leib, um daraus eine Frau für ihn zu machen."

Die kluge und belesene Tochter war auch zugegen und bat ihren Vater, an seiner Stelle antworten zu dürfen. Der Vater, der das Blitzen in den Augen seiner Tochter zu deuten wusste, war selbst gespannt auf ihre Antwort und nickte gutmütig.

Die Tochter wandte sich der Besucherin zu und sagte beiläufig, so, als ob sie das Thema wechseln wolle:

„Ach, hast du schon gehört, dass letzte Nacht bei uns eingebrochen wurde? Der Dieb hat einen silbernen Löffel mitgenommen und seltsamerweise eine schöne goldene Schale dagelassen."

„Aber ich bitte dich, Kind. Da habt ihr doch einen vorteilhaften Tausch gemacht. Das ist doch kein Grund zur Klage", rief die Besucherin.

„Nein?", fragte lächelnd das Mädchen, „dann hast du auch keinen Grund, über Gott zu klagen, der dem Adam eine entbehrliche Rippe nahm und ihm eine unschätzbare Gefährtin gab."

Versenkung

Vor einem Lotusteich saß der Meister in tiefer
Meditation versunken. Die Beine verschränkt, die
Hände offen in den Schoß gelegt und die Augen
geschlossen, saß er kerzengerade da, und man
konnte nicht einmal die Bewegung eines Atem-
zugs wahrnehmen. Sein Geist wanderte auf
dem inneren Pfad, der herausführt aus der dies-
seitigen Welt.

Ein Unwissender kam vorbei und sah den
Meister unbeweglich verharren. Er gewann den
Eindruck, dass der Meister am helllichten Tag
nichts Besseres zu tun hatte, als inmitten der
schönen Umgebung ein Schläfchen zu halten.
Empört zupfte er den Nichtsnutz am Ärmel.

„Die schönsten Stunden verschlafen und
dem lieben Gott den Tag stehlen! Was bist du
nur für ein Faulpelz! Schlafen kannst du, wenn
du nach getaner Arbeit müde bist. Los, mache

endlich die Augen auf und erfreue dich an den Herrlichkeiten der Schöpfung, so lange du dazu noch eine Möglichkeit hast", empörte er sich in selbstgefälligem Eifer.

Langsam kehrte die Seele des Meisters von ihrer inneren Reise zurück.

„Ach, du Unwissender", sagte der Meister. „Alles, was du mit deinen Augen siehst, sind nur die äußeren Zeichen, Spiegelbilder der wahren Herrlichkeit, die im Strom der Zeit zerrinnen. Du suchst die Wirklichkeit in einem Spiegel, doch die Früchte, die du darin erblickst, können deinen Hunger nicht stillen. Die Nahrung, die deine Seele braucht, findest du nur in den Gärten deines Herzens.

Die Schimären dieser Welt lenken dich mit immer neuen Reizen ab, weil du die Stimme deines Herzens nicht hören willst, denn der schöne Schein ist dir lieber als der mühsame Weg der Entsagung des Weltlichen. So weißt du nichts von der wirklichen Welt in deinem Innern und läufst weiterhin deinem eigenen Schatten nach, auf der Suche nach dem, was du Glück nennst.

Doch wenn du aus deinem Traum von dieser Welt erwachst, wird es zu spät sein, deine Seele zu trösten. Denn glaube mir, Seligkeit findet allein der, der vor dem Sterben schon stirbt, für den der Tod nicht das Ende des Lebens ist, sondern für den der Beginn des Lebens bereits der Anfang des Todes ist. Wahrhaft glücklich ist der, der schon in diesem Leben an den Rosenhecken des Paradieses entlanggeht und den Duft der Verheißung atmet."

Wichtig

Jemand fragte den Meister, welches die wichtigste Zeit, der wichtigste Mensch und die wichtigste Aufgabe im Leben eines jeden Menschen sei.

„Die wichtigste Zeit ist immer die Gegenwart", antwortete der Meister. „Denn nur in dieser Zeit kann der Mensch über sich bestimmen.

Der wichtigste Mensch ist der, mit dem du es gerade zu tun hast. Denn du kannst nicht wissen, ob es dir vergönnt sein wird, dich noch jemals mit einem anderen Menschen beschäftigen zu können.

Das Wichtigste, was du in deinem Leben tun kannst, ist jedoch, diesen Menschen aus ganzem Herzen zu lieben. Denn nur deshalb wurdest du in die Welt gesandt, um deine Mitmenschen zu lieben."

Standpunkte

In einem Teehaus waren zur Mittagszeit Mönche aus zwei verschiedenen Klöstern eingekehrt. Einer wollte sich wichtigtun und erklärte:

„Mein Meister hat uns die Botschaft gelehrt, dass die Menschheit so lange nicht wirklich gut sei, bis nicht auch derjenige, dem kein Unrecht geschah, über ein Unrecht genauso empört ist, wie derjenige, dem das Unrecht angetan wurde."

Eine Zeitlang waren alle von diesem Gedanken beeindruckt. Dann sagte ein Mönch aus dem anderen Kloster:

„Mein Meister hat mir beigebracht, dass überhaupt niemand über irgendetwas empört sein sollte, bis er nicht sicher ist, dass das vermeintliche Übel auch wirklich ein Übel ist – und kein versteckter Segen."

Reue

„Du behauptest doch, dass Gott in die Zukunft schauen kann", sprach ein Mann zum Meister. „Aber in den Heiligen Büchern steht geschrieben: ‚Und Gott bereute in seinem Herzen, dass er den Menschen geschaffen hatte.' Wenn Gott die Zukunft kennt, hätte er doch zur Reue keinen Grund gehabt."

„Bist du der Vater eines Sohnes?", fragte der Meister.

„Ja, so ist es."

„Als dein Sohn geboren wurde, wie erging es dir da?"

„Ich war glücklich und lud ein zu einem großen Freudenfest."

„Und wusstest du nicht schon damals, dass dein Sohn irgendwann in der Zukunft würde sterben müssen?"

„Doch, natürlich. Aber daran denkt man im Augenblick der Freude nicht. In der Zeit der Freude wollte ich fröhlich sein, wenn die Zeit der Trauer kommt, werde ich traurig sein."

„Und so dachte auch Gott", sagte der Meister.

Schritt

Ein Schüler, der viel und eifrig gelernt hatte,
ging zum Meister und bat ihn um einen Rat.

„Ich habe viel studiert und fühle, dass ich
viel weiß. Aber jetzt bedrückt mich mein Wissen
fast, denn ich weiß nicht, wie ich es anwenden
soll."

Freundlich nickte der Meister.

„Komme bitte einen Schritt näher zu mir."

Der Schüler tat, worum er gebeten worden
war.

„Wie gut du dein Wissen anwendest", lobte
der Meister. „Und jetzt tritt einen Schritt hinter
dich."

Bedürftig

Ein reicher Kaufmann überbrachte dem Meister einen gut gefüllten Geldbeutel als Spende für wohltätige Zwecke.

„Das ist sehr viel Geld. Hast du noch mehr als das, was du gebracht hast?", fragte der Meister.

„Ja, habe ich."

„Und du möchtest noch mehr?"

„Ja, natürlich."

„Dann musst du die Spende wieder zurücknehmen, denn du bist bedürftiger als ich. Ich habe nichts, und ich erwarte nichts. Du hast viel und willst immer noch mehr."

Barriere

„Wer hat dir geholfen, den Pfad der Erleuchtung zu gehen?", fragten Schüler den Meister.

„Ein Hund."

Die knappe Antwort rief Erstaunen und Gelächter hervor. Nachdem sich die Unruhe gelegt hatte und auch die Vorwitzigsten sich weiterer Kommentare enthalten konnten, bestürmten sie den Meister, ihnen das Rätsel aufzudecken.

„Gerne saß ich im Schatten eines Baumes, las und studierte, und ich war zufrieden mit mir und der Welt, denn ich wähnte mich auf einem guten Weg. Eines Tages kam ein streunender Hund daher. Abgemagert, auf drei Pfoten humpelnd und halbtot vor Durst schleppte er sich zu einem Wasserloch. Als er im Wasser sein Spiegelbild erblickte, sprang er entsetzt zurück, denn er hielt die Spiegelung für einen Widersacher. Noch zweimal näherte er sich dem

Wasser und wich zurück. Ich meinte, ihm seine Qual ansehen zu können. Doch, als wenn der Schmerz den Drang gesteigert hätte, wurde sein Verlangen so groß, dass er sich mit letzter Kraft ins Wasser warf. Der Widersacher war verschwunden, und nur er selbst war das Hindernis gewesen.

Dieses Erlebnis gab meinem Leben eine neue Richtung. Was ich für mein Selbst gehalten hatte, war mein Hindernis, das es zu überwinden galt. Ein Hund hat mir die Richtung gewiesen."

Erhört

Die Sonne stand hoch am Himmel und brannte
unbarmherzig auf den Mönch hernieder, der sich
erschöpft und durstig den Berg hinaufschleppte.
Seine müden Füße schlurften über die schmale
Straße, und so geschah es, dass er stolperte und
auf die Knie fiel. Ermattet blieb er hocken, faltete
die Hände und flehte:

"Ach, lieber Gott, habe doch Mitleid mit
mir und schicke mir ein Pferd. Aber wenn du
meinst, ich sei ein zu großer Sünder, der kein
großes Pferd verdient hat, dann schicke mir doch
ein kleines Pferd. Ein Pferdchen tut's auch!"

Mühsam stand er auf und schlurfte weiter
bergan. Da hörte er mit einem Mal das Huf-
getrappel eines Pferdes näherkommen. Auf
einer feurigen Stute stürmte ein Reiter heran,
der stark bewaffnet war und seinem Pferd
ungeduldig die Sporen gab. Denn er kam wohl

nicht so schnell voran, wie er es wünschte, da er an einer Leine, die er am Sattelknopf befestigt hatte, das junge Fohlen der Stute mit sich führte. Von der Leine gezogen und gezerrt, stakste und stolperte das Pferdchen hinter dem wilden Reiter her. Schaumiger Schweiß schimmerte auf seinem Fell, und es gab keinen Zweifel, dass das Fohlen mit seiner Kraft am Ende war.

„He, du nichtsnutziger Kerl", brüllte der Reiter den armen Mönch an, „vollbringe mal eine gute Tat, und nimm dir mein hoffnungsvolles Fohlen auf die Schultern. Dann trage es den Berg hinauf, sonst ist es noch ganz verdorben, bevor wir oben ankommen."

Der Mönch sah wohl ein, dass der Reiter keinerlei Respekt vor seiner Kutte hatte und ihm in dieser einsamen Gegend auch niemand zur Hilfe kommen würde, falls es ihm einfallen sollte, sich dem barschen Befehl zu widersetzen. Seufzend beugte er sich unter den Bauch des Fohlens, umschlang Vorder- und Hinterbeine mit den Armen, stemmte sich ächzend hoch und wankte Schrittchen für Schrittchen hinter dem Reiter her.

„Ach, mein Gott", stöhnte der Mönch. „Ich habe nie gedacht, dass du meine Bitte nach einem kleinen Pferd so rasch erfüllen würdest. Aber in meiner Schwäche scheine ich sehr undeutlich gesprochen zu haben, oder du hast mich missverstanden. Oder willst du mir so etwas Bestimmtes damit sagen? Was wäre geschehen, wenn ich dich nicht um etwas gebeten hätte, sondern dir stattdessen gedankt hätte, dass ich auf meinem Weg schon so weit und heil vorangekommen war?"

Angepasst

Zum einzigen Kirchweihfest im weiten Um-
kreis waren auch die Bewohner aus den Nach-
bardörfern gekommen. Der Pfarrer wandte sich
an einen sympathischen Mann mit der Frage:

„Sagen Sie, warum sehe ich Sie nie in meinem Gottesdienst, da es doch sonst keine Kirche
weit und breit gibt?"

„Ich kann nicht", sagte der Bauer etwas be-
treten.

„Warum können Sie nicht? Sie haben doch
Pferd und Wagen."

„Am Weg liegt's nicht."

„Sondern?"

„An der Predigt."

„Zu langweilig?"

„Nein. Zu schwierig."

„Zu verstehen?"

„Nicht die Worte."

„Sondern?"

„Die Forderungen."

„Welche Forderungen?"

„Die Gebote."

„Ja, und?"

„Auf der Kanzel sagen Sie immer: Tu dies nicht, tu das nicht. Liebe deinen Nächsten. Du sollst nicht stehlen. Du sollst nicht begehren … und lauter solche Sachen. Sie kennen unser Dorf nicht. Wenn ich mich daran halten würde, würde ich zum Gespött der Leute!"

Auslegung ✗

Einem Mann juckte es in den Händen, seinem Pfarrer, der sich in einer Meinungsverschiedenheit auf die Seite seiner Gegner geschlagen hatte, einmal deutlich zu zeigen, was er von ihm hielt. Die Gelegenheit war günstig, als sich an einem Montag zufällig ihre Wege kreuzten.

„Und du glaubst selbst an das, was du gestern gepredigt hast: ‚Wenn dir jemand auf die rechte Wange schlägt, dann biete ihm auch die andere dar?‘", fragte der Mann den Pfarrer.

„Ja natürlich. Ich kann's nicht ändern, denn so steht es schwarz auf weiß im Evangelium", antwortete der Pfarrer.

Da holte der Mann aus und versetzte dem Pfarrer erst rechts, dann links eine heftige Ohrfeige.

Der Pfarrer schüttelte benommen den Kopf.

„Du willst es also ganz genau wissen. So lasse dir gesagt sein, was auch geschrieben steht: ‚Mit welchem Maße ihr messt, mit dem werdet ihr gemessen werden.‘"

Und er versetzte dem verblüfften Mann zwei genauso heftige Ohrfeigen in das eben noch grinsende Gesicht.

Eine ältere Frau rief ganz aufgeregt: „Um Gottes willen, was geht hier vor? Unser Pfarrer prügelt sich!"

„Nein, nein", sagte einer der Passanten, die stehen geblieben waren. „Das sehen Sie falsch. Sie prügeln sich nicht. Sie erklären einander das Evangelium."

Alternative

Eines Nachts, bei Vollmond, hatte sich eine Kuh aus ihrem Stall befreit und spazierte auf dem Hof herum. Da fand sie einen großen irdenen Topf, der halb mit Weizen gefüllt war. Die Kuh konnte nicht widerstehen. Sie fraß und fraß, und als sie in ihrer Gier ihren mächtigen Kopf immer weiter in den Topf gezwängt hatte, um auch das letzte Korn zu erwischen, da geschah es, dass ihr Kopf im Topf stecken blieb und sie sich von ihm nicht mehr befreien konnte.

Sie schüttelte den mächtigen Kopf und stieß in ihrer Blindheit bald hier und bald da an. Das Gepolter und ihr seltsam gedämpftes Brüllen weckten den Bauern, seine Familie und Dienstleute. Sie alle kamen gelaufen und versuchten, die Kuh aus ihrer unglückseligen Lage zu befreien. Doch es gelang ihnen nicht, den Topf vom Kopf der Kuh zu lösen.

„Ich gehe und wecke den Bürgermeister", sagte der Bauer. „Er ist der Klügste im Ort und weiß sicher einen guten Rat."

Etwas mürrisch, weil er aus dem schönsten Schlummer geweckt worden war, hörte sich der Bürgermeister die kuriose Geschichte an.

„Nun ja, mein Lieber", sagte der Bürgermeister. „Es wird am einfachsten sein, wenn du eine Lage Stroh auf deinem Hof aufschüttest, die Kuh dahin führst und ihr hilfst, sich aufs Stroh zu legen. Wenn sie sich dann beruhigt hat, befreist du sie mit einem gezielten Stich oder Schuss von ihrem Leiden. Dann kannst du ihr den Topf abnehmen. Sollte das dann aber immer noch nicht gelingen, dann komme ruhig noch einmal, damit ich dir ein in jedem Falle wirksames Mittel empfehlen kann."

Der Bauer tat alles genau so, wie es ihm der Bürgermeister geraten hatte. Doch im Morgengrauen war er wieder beim Bürgermeister.

„Wir haben es genau so gemacht, wie du es mir erklärt hat. Aber auch jetzt können wir den Topf nicht vom Kopf der Kuh herunterziehen. Darum will ich gerne das unfehlbare Mittel von dir wissen."

„Ach, das ist ganz einfach", sagte der Bürgermeister.

„Zerschlage den Topf."

Einleuchtend ✗

Ein Mann lief durch die Einkaufsstraßen auf der Suche nach einem Lampengeschäft. Schließlich sprach er einen Passanten an und bat um Auskunft. Der war auch ganz hilfsbereit und erklärte, es gebe verschiedene Geschäfte in der Nähe, und ob er denn etwas Spezielles suche.

„Ja, eigentlich schon", sagte der Fremde. „Ich habe von Lampen gehört, die es einem ermöglichen, auch im Dunkeln zu lesen."

„Ja in der Tat, solche Lampen gibt es. Aber sie funktionieren nur unter einer bestimmten Bedingung."

„Ach ja? Und die wäre?"

„Man muss lesen können."

Interpretation

Es hatte in diesem Landstrich lange nicht geregnet, und die Bauern fürchteten um ihre Ernte. Bei Bittgottesdiensten hatte der Pfarrer erklärt, dass der Regen eine Gnade Gottes sei, von der alle Menschen abhängig seien.

Der Bauer Malte war als der Querkopf der Gemeinde bekannt und hatte den Pfarrer in aller Deutlichkeit wissen lassen, was er von der Gnade des Regens hielt.

Doch der Regen kam. Zwar spät im Jahr, aber gerade noch rechtzeitig, um die Ernte zu retten. Der Pfarrer saß auf der überdachten Veranda vor dem Pfarrhaus, als der Himmel seine Schleusen öffnete und die Schwüle der letzten Wochen endlich weichen musste. Da sah er den Bauern Malte durch den Regen nach Hause rennen.

„He, Malte, was hast du es so eilig? Du weißt doch, dass der Regen Gottes eine Gnade ist. Und

vor der Gnade Gottes wirst du doch nicht davon-
laufen?", rief er dem Bauern zu.

Malte spürte genau, dass der Pfarrer seinen Scherz mit ihm trieb, aber er wollte sich
keine Blöße geben und ging nun bedächtig
weiter. Völlig durchnässt kam er zu Hause an
und wusste nicht, ob er lachen oder sich ärgern
sollte.

Mit kurzen Unterbrechungen regnete es
tagelang. Gerade goss es wieder heftig, als
Malte den Pfarrer die Straße hinuntereilen sah.
Da riss der Bauer das Fenster auf und rief:

„Das ist ja eine Schande, mit ansehen zu
müssen, wie selbst unser Pfarrer vor der Gnade
Gottes davonläuft!"

Der Pfarrer aber eilte unbeirrt weiter und
rief:

„Nein, Malte! Im Gegenteil: Ich versuche,
die Gnade Gottes nicht mit Füßen zu treten!"

Flexibel

Ein Gastgeber hatte zu Tische geladen, auf dem
bereits Schalen und Schüsseln erlesene Köstlich-
keiten darboten. Ein Gast verlangte jedoch nach
Käse.

„Warum willst du ausgerechnet Käse essen,
wenn hier vielerlei Gaumenfreuden für dich
bereitstehen?", erkundigte sich der Gastgeber.

Der Gast erwiderte:

„Käse vor dem Essen dem Hunger dien'.

Und nach dem Essen als Medizin."

Ein anderer konterte mit dem Spruch:

„Der Käse die Zähne verdirbt.

Und durch ihn das Gedächtnis erstirbt."

„Nun haben wir einen Lobspruch und eine
Schmährede auf den Käse gehört", sagte der Gastgeber. „Aber an welche sollen wir uns halten?"

„Meiner bescheidenen Meinung nach, an die
erste", sagte ein anderer Gast, „wenn Käse da ist.
An die zweite, wenn keiner da ist."

Erlebnis

Ein König liebte die Jagd. Aber er mochte auch seinen ersten Minister, den er gerne in seiner Nähe hatte. Einmal sagte er ihm, dass er sich für die Bärenjagd rüsten solle, denn er solle ihn am nächsten Tag begleiten. Der Minister wollte sich diplomatisch herausreden, denn jagen war seine Sache nicht, und Bären ging man seiner Meinung nach besser in weitem Bogen aus dem Weg, statt ihnen nachzustellen. Doch der König ließ keine Entschuldigung gelten, und so fügte sich der Minister in sein Schicksal.

Am Abend kehrte die Jagdgesellschaft müde und erschöpft zurück. Völlig entkräftet stieg der Minister vom Pferd, und der Stallmeister fragte ihn, wie die Jagd denn gewesen sei.

„Fantastisch", seufzte der Minister.

„Wie vielen Bären seid ihr denn begegnet?"

„Keinem einzigen."

„Wie kann die Jagd fantastisch gewesen sein, wenn ihr keine Bären zu sehen bekommen habt?"

„Für einen wie mich ist es eine fantastische Erfahrung, keinem Bären zu begegnen!"

Überbrücken

Die Schüler diskutierten, was nötig ist, um die Entfernung zwischen zwei Menschen zu überbrücken.

„Wenn man miteinander an einem Tisch sitzt, isst und trinkt, dann kommt man sich näher", sagte ein Schüler.

„Wenn man miteinander singt", schlug jemand vor.

„Eine freundliche Geste ist hilfreich", sagte ein Dritter.

„Es geht noch leichter", sagte der Meister. „Ein Lächeln genügt."

Wunder

Es war an einem Tag im vorigen Jahrhundert,
als an der Theologischen Fakultät der berühmten Universität von Oxford die Examensarbeiten
geschrieben wurden. Den Studenten war die Aufgabe vorgelegt worden, die religiöse und spiritu-
elle Bedeutung des Wunders bei der Hochzeit
von Kanaa darzulegen, als Jesus Wasser in Wein
verwandelte.

Vier Stunden sollte die Klausur dauern, und
die Studenten waren eifrig bemüht, die leeren
Seiten mit tiefschürfenden Gedanken zu füllen,
mit denen sie ihr Wissen und ihre Erkenntnisse
belegen wollten.

Nur ein Student saß sinnend da und hatte
nicht ein Wort zu Papier gebracht. Der Assistent,
der die Aufsicht führte, kam kurz vor dem Schluss-
termin zu ihm und bestand flüsternd darauf, dass
er etwas zu Papier bringe, bevor er es abgebe.

Der junge Lord Byron beugte sich über das
leere Blatt und schrieb die eine Zeile:

„Das Wasser erkannte seinen Meister – und
errötete."

Erleuchtung

Zu einem berühmten Kendo-Meister kam eines Tages ein junger Mann. Er bat den Meister, ihn als einen Schüler aufzunehmen und ihn das Geheimnis des Schwertweges zu lehren.

Der Meister wies seinen neuen Schüler an, jeden Tag im Wald eine bestimmte Menge Holz zu schlagen und aus dem Fluss eine bestimmte Menge Wasser zu schöpfen. Tag für Tag erledigte der Schüler seine Arbeiten, drei Jahre lang. Dann sagte er zum Meister: „Vor drei Jahren habt Ihr mich als Euren Kendo-Schüler angenommen. Aber bis heute habe ich noch kein Schwert in den Händen gehalten, stattdessen immer nur die Axt und den Schöpfeimer."

Daraufhin führte der Meister den Schüler in einen großen Raum, der mit zahlreichen Reisstrohmatten ausgelegt war. „Nun bewege dich frei im Raum umher, doch stets so, dass du die dunkel eingefassten Kanten der Tatami-Matten nicht übertrittst."

Das war keine geringe Schwierigkeit für den jungen Mann, doch nach einem Jahr täglichen Übens erfüllte er die Aufgabe perfekt.

Doch wieder regte sich sein Unmut über die seltsamen Ausbildungsmethoden des Meisters. Er ging zu ihm und wollte seinen Abschied nehmen. „Den Weg des Schwertes wollte ich von Euch lernen, doch bis heute habe ich es nicht weiter gebracht, als Euer Holzfäller, Wasserträger und Kantenläufer zu sein."

„Du hast durchaus Recht", sagte der Meister. „Wir wollen darum prüfen, ob du für die höchste Unterweisung bereit bist." Der Meister führte seinen Schüler ins Gebirge und an den Rand eines schwindelerregenden Abgrunds. In der Tiefe toste ein Wildwasser, und nur ein dünner Baumstamm überquerte die Schlucht. Mit einer Handbewegung wies der Meister auf den dürftigen Steg und forderte den Schüler auf: „Geh hinüber!"

Doch die Furcht vor der Gefahr und der Schwindel vor der schrecklichen Tiefe ließen den Schüler wie gelähmt verharren. Keinen Schritt ging er vorwärts.

Wie es der Zufall wollte, kam in diesem Augenblick ein Blinder des Weges. Freundlich grüßend und mit seinem Stock tastend ging er unverzagt über den behelfsmäßigen Steg und entschwand ihren Blicken zwischen den Bäumen auf der anderen Seite.

Da erwachte der Schüler aus seiner Erstarrung und leichtfüßig folgte er dem Fremden über den Abgrund nach.

Der Meister rief hinüber: „Nun komme wieder zurück, damit ich nicht so schreien muss." Und als der Schüler wieder bei ihm war, sagte er: „Jetzt hast du das Geheimnis der Schwertkunst gemeistert: Das Ich aufgegeben und den Tod nicht fürchten. Holzhacken und Wasserholen haben deine Muskeln und deine Ausdauer trainiert. Beim Kantenlaufen hast du die Präzision deiner Bewegung vervollkommnet. Und soeben hast du das Geheimnis verstanden. Wenn du in dieser Harmonie lebst und dich ständig weiter darin übst, sie immer wieder zu erkennen, wird dich niemand besiegen."

Sternstunden für Seele

Anselm Grün
Das kleine Buch der Lebenslust
Band 7027
Lebenslust – Lass dich verzaubern. Nimm dir Zeit für deine Seele, höre auf deinen Leib – und genieße mit allen Sinnen.

Anselm Grün
Das kleine Buch vom guten Leben
Band 7044
Sich im Alltag tiefer verankern, seine Beziehungen gut gestalten, für sich das rechte Maß finden – und aus einem weiten Herz leben.

Tania Konnerth
Kleine Oasen der Ruhe genießen
Atempausen für den Alltag – Band 7063
Zeit für eine Pause! Tief durchatmen, sich räkeln ... Kleine Ruheinseln, auf denen es keine Uhr gibt und keinen Terminkalender sind unverzichtbar.

Tania Konnerth
Aus der Schatzkiste des Lebens
Geschichten, die ein Lächeln schenken – Band 7068
Kurze Geschichten für die kleine Erleuchtung, zum Weiterdenken oder einfach nur zum Schmunzeln. Texte, die gut tun.

Anton Lichtenauer
Hol dir einen Stern vom Himmel
Lebenskunst für hier und jetzt – Band 7021
In dir selber ist der Stern des Glücks. Genießen und sich an den kleinen Dingen freuen – das ist Lebenskunst.

HERDER spektrum

Joseph M. Marshall
Bleib auf deinem Weg
Die Weisheit eines alten Indianers – Band 7069

Großvater und Enkel sprechen über die wirklich wichtigen Fragen des Lebens. Geschichten aus der Weisheit der Lakota Indianer. Ihre Botschaft: Geh mutig deinen Weg und glaube an deine Träume.

Anthony de Mello
Zeiten des Glücks
Geschichten für Herz und Seele – Band 7077

Geschichten für alle Lebenslagen. Heitere, fröhliche und tiefe Weisheiten, die die Seele verwandeln. Und ein Geschenk, das jeden Tag verzaubert.

Nossrat Peseschkian
Das Leben ist ein Paradies,
zu dem wir den Schlüssel finden können – Band 7030

Weisheitsgeschichten vom Meister der Positiven Psychologie. Ein Geschenk für alle, die sich paradiesische Inseln im Alltag sichern möchten.

Pierre Stutz
Sei gut mit deiner Seele
Band 7052

Das neue Buch von Pierre Stutz – Meditationen, Rituale, Segenswünsche, wenn sich das Leben nicht ganz so freundlich zeigt.

Irma Zaleski
Im Herzen die Wahrheit
Weisheitsgeschichten der Mutter Makrina – Band 7064

Diese hinreißend erzählten Weisheitsgeschichten zeigen uns den Weg zu einem spirituellen Leben im heutigen Alltag.

HERDER spektrum